小さな会社の
売上を
倍増させる

最速 PDCA日報

日報コンサルタント
中司 祉岐 NAKAZUKA YOSHIKI

日経BP社

私もＰＤＣＡ日報をおすすめします！

西京銀行頭取
平岡 英雄

経営コンサルタントの方が書かれた本の冒頭ですが、私は経営コンサルタントの方をあまり信用していません。なぜなら、中小零細企業はリソースが十分ではないので、本当の意味で役に立つアドバイスができる方が数少ないからです。

その点で、中司さんは違います。クライアント企業の日報を毎日チェックし、どうすれば経営をもっと改善できるか、経営者に親身になって寄り添い、一緒に汗をかかれている。中小零細企業の経営者にとって、とても頼りになるコンサルタントです。

そして何より、経営者に日報の添削をされているのが非常にユニークで興味深い。

学校の勉強では、予習・復習をちゃんと実行すると成績が上がります。この予習・復習は、企業で言えばＰＤＣＡ（計画・実行・振り返り・改善）に当たります。立てた計画を実行し、結果を振り返りながらさらに改善して次につなげていくということですが、これを継続して回していこうとするとなかなか難しいわけです。
それを行いやすくしたのが、本書で紹介されている中司さんのPDCA日報です。
経営で重要なのは、「どれだけ自分を見つめられるか」だと私は考えます。経営者なら誰でも、営業時間が終わった後も、その日がどうだったのかを振り返り、明日どうしないといけないのかを考えます。

この「自分を見つめる」作業に、どれだけエネルギーをかけて深掘りできるか。実はそこに、他社との差別化のポイントが隠されています。漠然と何となく考えてそのうち忘れていくのか、それとも日報を使って情報を整理しながら詰めて考えるのか。その差は歴然です。このような密度の濃い時間をいかに持てるかが、経営者にとって非常に重要だと私は考えます。

何かを求めて成功するには、毎日、小さな改善を地道に積み上げていくことが、遠回りのようで早道です。もちろん、人間にはいろんな誘惑があり、継続するのは簡単ではありませんが、「とりあえず、がんばって1年続けてみよう」と決意できる経営者の方に、中司さんのPDCA日報をお勧めします。

目次 Contents

はじめに

私のクライアントの85・6パーセントが日報導入で売上2倍増、3倍増に成功

みなさんは日報に、どんな印象を持っていますか。

企業で営業などを担当されたことがあれば、上司に報告するために、営業日報などを書いた経験があると思いますが、中小零細企業の経営者の場合、日報を書いたことなどないという人が大半かもしれません。

日報と聞いただけで、面倒くさい、続けるのが大変そう、忙しいのでそんなものを書いている暇などない、そもそも書く意味があるのか、と思うのがおそらく普通でしょう。

では、言い方を変えましょう。1日20分程度、あることをするだけで売上が倍増すると聞いたら、それを実践しますか?

「ぜひやりたい」と中小零細企業の経営者なら誰もが思うはずです。

そのあることというのが、日報なのです。その実践方法をお伝えするというのが、本書の目的です。

私は山口県山口市を拠点に「日報コンサルタント」という一風変わった仕事をしています。クライアントは、地元の中小零細企業の経営者の方々が中心です。

毎日、クライアントは日報を書き、それをスマートフォンで写真に撮って弊社の担当コンサルタントに送り、担当コンサルタントは日報を添削してクライアントにメールで送り返します。いわば日報の赤ペンコンサルタントです。この日報添削と月1〜2回のコンサルティングを組み合わせて、日報コンサルティングと名付けました。

私の前職は、工務店、物販、飲食などさまざまな業種での営業や販売です。いずれの業種でも、私は日報を活用して、トップクラスの成果を収めることができました。そこでつかんだノウハウを生かして、これまで世の中にないビジネスをしようと決意し、日報コンサルティングを始めました。

中小零細企業経営者の現在のクライアント数は202社（2019年1月時点）。もともとは山口市が活動の中心でしたが、現在は東京や山形、広島などにも顧客が広がっています。というのも、第二地銀さんなどが日報コンサルティングに興味を示してくれ、私たちのフランチャイジーとして活動してくれています。コンサルティング会社としてはまだまだかもしれませんが、私自身が担当する社員10人以下のクライアントの85・6パーセントは、日報を書き始めて売上を2倍以上に伸ばしています。さらに、8社の日本一を山口県から出すことができました。

事例については、第3章で詳しく紹介しますが、そこに載せた事例以外にも、日報導入によって売上が倍増したたくさんの実例があります。

クライアントの業種はさまざまで、月商89万円の商店街の雑貨屋さんがたった4カ月で1・8倍の161万円になり、その1年後には月商228万円に躍進。この店では、ある人気芸能人が着用してブームになったレックスというめがねブランドをいち早く扱い、そのブランドで売上日本一になりました。店長兼料理人とパート3人のパスタ屋さんは、日報導入後1年で月商53万円から4倍の215万円に、父親と2人で営む看板屋さんは、2年で月商100万円から250万円に、鉄工所を引き継いだ3代目経営者は、3年で年商を1億6830万円から2億8466万円に伸ばすことに成功。少し変わり種ですが、人口が9000人しかいない都市の動物病院が約1年半で月商245万円から421万円になり、その1年後には514万円に伸びました。いずれも日報の導入で経営が飛躍的に改善していきました。

これらは極端に成果が出た例ではなく、日報を続けている方は、だいたいこのような成果を出しています。

努力していない人はいない。問題なのは努力の中身

日報コンサルを始めた頃、ここまで劇的な効果が見られるとは、私自身も驚きでした。もちろん日報の力や恩恵を信じていましたが、自分以外の他の人でも同じように効果が出るかどうか、やってみるまではわかりませんでした。もちろん効果は出るはずだと確信していましたが、ここまで変わるとは予想していなかったというのが正直なところです。

クライアントがどんどん成果を出すのを見て、「オレのコンサルの実力ってスゴいんじゃないのか」とうぬぼれていた時期もありました。でも、それは大きな錯覚であることに、すぐ気づいたんです。

スゴいのは日報であり、成果が出るのは、日報を書き続けている経営者のみなさんが努力しているからなのです。

経営者で努力をしていない人はいないと思います。問題なのは、努力の中身と方向性です。1日の限られた時間をどのように有効かつ生産的に使っていくか。

中小零細企業の経営者は、みなさんプレイングマネジャーです。現場ではエースで4番打者、さらに監督（経営）もしないといけない。だから、日々とても忙しい。「これ、やっておかないといけないな」と思っても、深く考える時間がなく、そのうちに先延ばしになったり、忘れたりしてしまいます。

その結果、「変わらないといけない」と思いながら変われずにいる。3年前も今もやっていることは同じで、売上はだんだんじり貧になっていく。何か現状打破したい、しなくちゃいけないと思っていても、そもそも何をやるべきかがわからないという人が多いように感じます。

実は、何をすべきかの答えは、自分の中にあります。それに気づき、引き出すことを助けてくれるのが日報の最も重要な役割です。

そして、ここからが大事なことなのですが、日報は計画、実行、振り返り、改善の

PDCAを回していくうえで、大きな助けになります。結局、中小零細企業が成長できるかどうかは、会社を牽引する経営者がPDCAをきちんと回せているかどうかにかかっているのです。

同じ経験をして、そこから大事なことに「気づかない人」と「気づく人」がいます。また、気づいても「実行しない人」と「実行する人」がいる。さらに、「実行しっぱなしの人」と、実行を振り返り「よりよいものに改善する人」がいます。

「気づかない人」と「気づく人」の差も大きいのですが、「気づかない人」と「よりよいものに改善する人」の差は、相当大きい。そして、年月とともに、途方もない差になっていきます。つまり、PDCA（計画・実行・振り返り・改善）のサイクルをちゃんと回せているかどうかということです。

私たちのクライアントも、最初はほとんどが「気づかない」レベルです。だから、（クライアントには失礼ながら）伸びしろが大きい。日報を始めて売上が数倍になることが珍しくないのは、ある意味で当然の結果と言えます。

どんな経営者の方々も、事業を伸ばせる実力を持っています。残念ながら、その力をなかなか引き出せていない人が、中小零細企業の経営者には特に多いと感じます。

そんな方々にぜひ、日報を始めていただきたい。そして、いまの現状維持を是とする世界から、自分のやりたいことを実現して売上を倍増できる世界へと、「住む世界」を変えていただきたいと願っています。

本書購入特典 その1

日報フォーマット ダウンロードのご案内

本書で紹介しているPDCA日報、マイマップ、
月間・週間予定表、PLAN作成シート、
ざっくり月次採算表などのフォーマットデータを、
日報ステーションのウェブからダウンロードできます。
下記アドレスにアクセスしてください。

http://www.nippo-st.com/pdca/

ダウンロードの対象 のマークが付いている図表

＊本書掲載の図表とダウンロードで入手できるフォーマットは、一部様式などが異なっています。

本書購入特典 その2

中司祉岐のPDCA日報 動画セミナーをプレゼント

本書購入者特典として、
著者の中司祉岐がPDCA日報について
解説した動画セミナー(62分)をプレゼントします。
詳しくは、日報ステーションの
ウェブにアクセスしてください。
アドレスは上記と同じです。

第1章

売上を倍増させるPDCA日報の書き方

本書を手に取ったみなさんは、何かしら現状を変えたいと思っている方々だと思います。ビジネスをやっていて気づいたら毎日が同じことの繰り返し。つまり、ルーティンワークになっていて、売上がじわじわと下がっている。そんな方々こそ、現状打破のきっかけとして日報を書き始めるのは理想的な自己改革の試みです。

まず、PDCA日報がどんなものかを見てください（次ページ参照）。思っていたより単純だと思いませんか。今はIT全盛の時代ですが、私のクライアントには、紙の日報にあえて手書きで書き入れてもらっています。

基本的には、「今日の予定」を朝に書き、「実際の結果」を仕事の合間（昼）に書き、夜に「うまくいったこと」と「うまくいかなかったこと」を振り返り、うまくいったことはルール化してこの先も続け、「うまくいかなかったこと」に関しては改善点を考えて、翌日以降に再びトライする、というものです。その他の欄は、備忘録的にあれば便利であったり、やる気アップにつなげたりするために設けた項目です。

つまり、日報とは、計画（PLAN）、実行（DO）、振り返り（CHECK）、改善（ACTION）をしっかり回すためのツールなのです。

マイ日報 スタンダード

年　月　日　曜日

元気の出る一言：

夢・希望

	今日の予定	実際の結果	すきまタスク ☑	じっくりタスク	期限
7:00			□		
8:00			□		
9:00			□	P	
10:00			□		
11:00			□		
12:00	P	D	□ P		
13:00			□	今月やりたいこと	
14:00			□		
15:00			□		
16:00			□		
17:00			今日の目標		
18:00			P		
19:00					
20:00			今日の結果		
21:00			C		
22:00					

うまくいったこと（グッジョブ）・感謝	ルール化すること
C	A

うまくいかなかったこと（バッジョブ）・反省	改善策

励まし・自分へのエール	メモ

日報に手帳と日記の機能をプラス

日報を見た印象はいかがですか。

日報の各項目は、クライアントのニーズ・目的に応じて、変えることが可能です。ここに示しているのは、最初に日報を導入する際におすすめしているスタンダード版の日報のフォーマットです。最初から書き込む項目が多すぎると、継続が難しくなってしまうので、この程度が日報の初心者にはいいと考えています。日報のバリエーションについては追って説明します。

PDCA日報は見かけ上、ただのエクセルの表にしか見えないかもしれません。ですがよく見てみると、この日報には、「手帳」といわゆる「一般的な日報」と「日記」の三つの要素が入っています。

みなさんは、自分の予定や計画を手帳に書きますよね。でも、手帳は予定を書き込む備忘録としての機能しかありません。実際に何をしたか、結果はどうだったかを書き込むのは「日報」の役割です。ただ、一般的な日報は上司などに報告することが目的であることがほとんどで、事実や数字を淡々と書くだけ。細かなことや失敗したこ

PDCA日報とは、三つの機能をいいとこ取り

手帳		日報		日記
P（計画）	＋	D（行動記録）	＋	CとA（振り返りと改善）

と、反省点などはなかなか正直に書けません。自分のその日の生活を振り返るのは「日記」です。

　手帳、日報、日記がばらばらだと、ＰＤＣＡを一元的に管理することができません。日報に手帳と日記の機能を加えて一つにしたのが私たちのＰＤＣＡ日報です。この日報を書く目的は上司への報告ではなく自分の成長のためなので、失敗や気づきを書き込むのに何の遠慮もいりません。

　日報は1カ月分を、年間予定表と月間予定表、マイマップ（のちほど説明します）とセットでファイルに入れて持ち歩いてください。年間予定表と月間予定表は、日にちごとに空欄のある何の変哲もない表です。持ち歩けるようにするには、理由があります。それはＰＤＣＡ日報を運用していくうえで、最も大事なことと関係しています（30ページ「どういうタイミングで日報を書くか」を参照）。

次ページ以降に、ＰＤＣＡ日報の４点セットを紹介します（こちらはいずれも日報ステーションのサイト http://www.nippo-st.com/pdca/ から無料でダウンロードできます）。

PDCA日報4点セット①
マイマップ

時期	ビジョン	ドリーム
5年後		
3年後		
1年後	(例)なりたい役職・ 売上目標・ 達成したい夢	(例)家が欲しい・ ○○が欲しい・ こんな家庭を築きたい

仕事と個人のビジョンと夢を描く

仕事とプライベートで1年後、3年後、5年後にどうなっていたいかを書きます。「○○を買う」など物欲でもOKです。

PDCA日報4点セット②
年間スケジュール

年

年間目標

1月	
2月	
3月	
4月	
5月	
6月	
7月	
8月	
9月	
10月	
11月	
12月	

先を見通して予定を立てる

常に1年間の予定を意識して、
「やりたいこと」「やるべきこと」を
思いついたらすぐ書き込んでください。

PDCA日報4点セット③

月間スケジュール

年　　　　月度

月間目標

	7:00～（午前）	12:00～（午後）	17:00～（夜）
1日			
2日			
3日			
4日			
5日			
6日			
7日			
8日			
9日			
10日			
11日			
12日			
13日			
14日			
15日			
16日			
17日			
18日			
19日			
20日			
21日			
22日			
23日			
24日			
25日			
26日			
27日			
28日			
29日			
30日			
31日			

ざっくりした予定をさらに具体化

年間予定をさらに具体化して、
時間にまで落とし込みます。
自分の時間を「予約」してください。

PDCA日報4点セット④

日報

年　月　日　曜日

元気の出る一言：

夢・希望

今日の予定		実際の結果	すきまタスク☑	じっくりタスク	期限
7:00			□		
8:00			□		
9:00			□		
10:00			□		
11:00			□		
12:00			□		
13:00			□		
14:00			□		
15:00			□		
16:00			□		
17:00					
18:00					
19:00					
20:00					
21:00					
22:00					

今月やりたいこと

今日の目標

今日の結果

うまくいったこと（グッジョブ）・感謝

ルール化すること

うまくいかなかったこと（バッジョブ）・反省

改善策

励まし・自分へのエール

メモ

PDCAの基本、とにかく継続が鍵！

継続は力なり。PDCAを着実に回すには
とにかく日報を書き続けることが大切です。
多くの人が、約3カ月で慣れていきます。

PDCA日報の書き方

ここからは、日報の書き方について説明します。再び、日報をご覧ください。日報はユーザーの希望やニーズによって項目を変えて運用していますが、ここでは「スタンダード版」を使って解説します（項目を変えたサンプルはのちほど紹介します）。項目ごとに番号を振ったので、その順に解説します。

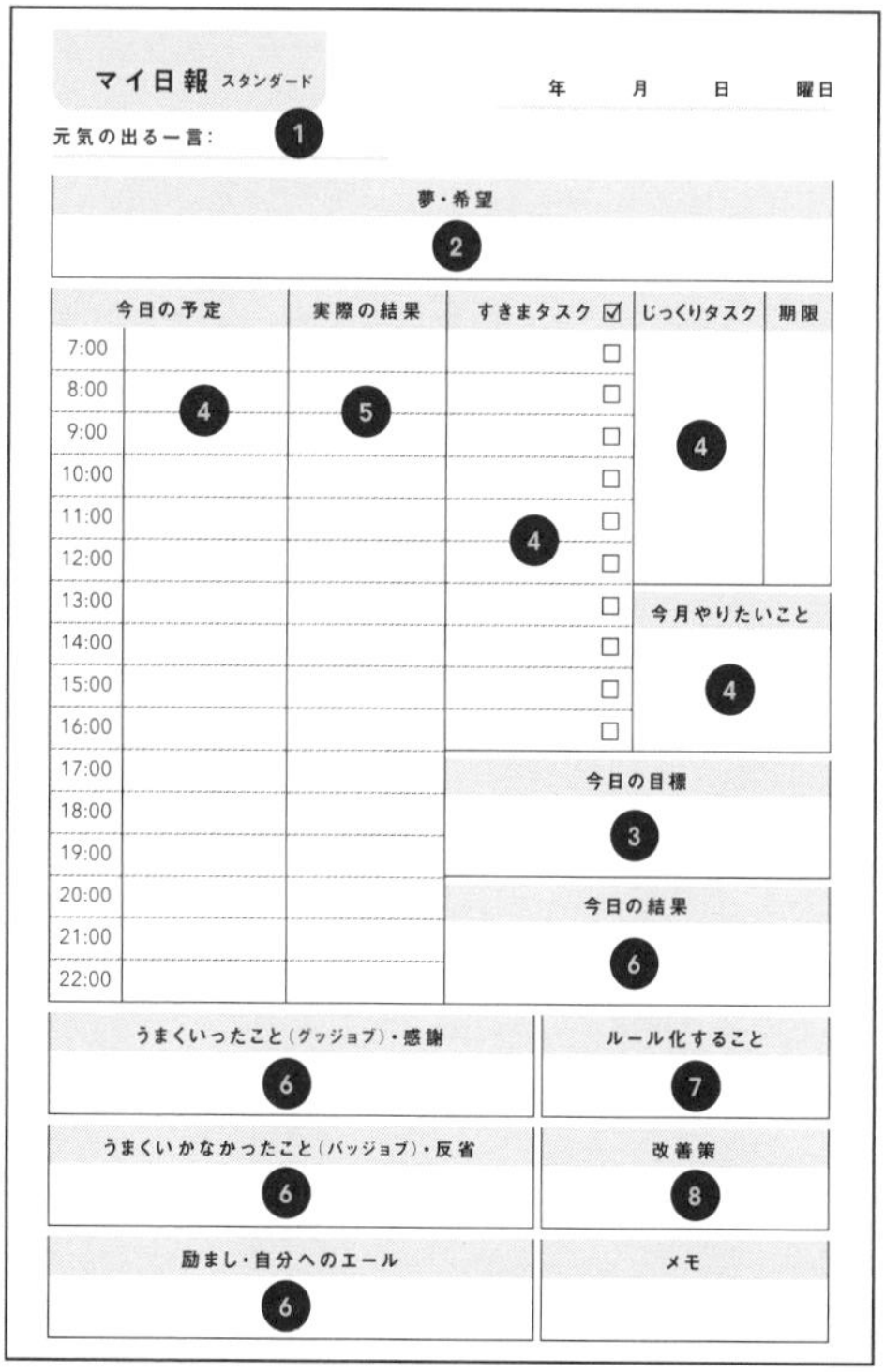

❶ 元気の出る一言

目的意識を持って前向きに一日を過ごせるような言葉を書いてください。やる気や元気がわくような言葉やポジティブな宣言にするのがポイントです。

（例）「売上○○万円達成するぞ！」「情報を持つ１人は、持たない１００人に勝る」

❷ 「夢・希望」を書いてやる気アップ

実現したらワクワクするような思いを書く。将来の展望だけでなく、手に入ったらうれしいもの、つまり物欲でも構いません。マイマップに書いたものを書いてもOK。

（例）「○○の時計を買う」「○○で日本一になる」

❸ 「今日の目標」を具体的に書く

達成をめざしていることを具体的に書いてください。目標がすぐに思いつかない場合には、その日の売上や来店客数、営業訪問件数などの数値目標を書きます。

（例）「販促チラシのラフを完成させる」「○件のアポを取る」

❹「今日の予定」を組む

その日のタイムスケジュールとタスクを書きます。タイムスケジュールは、月間予定表に入れたものなどをあらためて記入してください。また、タスクは2種類に分けて考えます。所要時間が15分未満で済みそうなものが「すきまタスク」、15分以上かかりそうなものが「じっくりタスク」です。

(例)「○件のアポを取る」「電車での移動時間を活用して、広告のメインコピーを考える」(すきまタスク)、「営業マニュアルを改訂する」(じっくりタスク)

❺「実際の結果」を正直に書く

予定に対する行動の結果とともに、そこで得た気づきもその場ですぐに書きます。「具体的に」「素直に」がポイント。

(例)「○○をしたら怒られた」

❻「今日の結果」に対して評価する

一日を振り返って、予定と行動の差、目標と結果の差などをチェックしながら、

「うまくいったこと」と「うまくいかなかったこと」に分けて考え、記入します。

(例)「作業着で営業したら、相手がいつもよりねぎらってくれた」

❼ うまくいったことを「ルール化」する

一日の行動を振り返りながら、「うまくいったこと」の理由を分析し、明日以降も続けていく行動として定めます。うまくいったことのルール化を積み重ねて、組織全体でマニュアル化し、自分以外の従業員にも広めていきましょう。

(例)「スーツではなく、作業着を着て営業する」

❽ うまくいかなかったことの「改善策」を考える

逆に「うまくいかなかったこと」も書き込み、改善する、その行動をやめる、の二つの視点で考えます。7の「うまくいったことをルール化」と8の「うまくいかなかったことを改善」を日々続けていくと、数カ月で劇的な効果が表われます。

(例)「リピートが少ない→新メニューを月に一つ開発して目新しさを出す」

日報の記入例

マイ日報 スタンダード　　2019年　5　月　13　日　月　曜日

元気の出る一言：　週1で焼肉！

夢・希望

年商10億のリフォーム会社、まずは年商1億！

	今日の予定	実際の結果
7:00		
8:00	↕ ご近所あいさつ回り＋営業	↕ 30件訪問 18件在宅 話ができたのは11件
9:00		
10:00		
11:00	移動	
12:00	↕ 昼食	
13:00	↕ 希望ケ丘団地営業	↕ 86件訪問 16件在宅 話ができたのは8件 武田様（貸家オーナー） 原田様（アパート経営）
14:00		
15:00		
16:00	移動	
17:00	↕ 事務所	↕ 原田さんから不動産会社を紹介された
18:00		
19:00	↕ 食事	
20:00		
21:00	↕ 営業トーク練習	
22:00		

すきまタスク	☑
大島さんアポ	☑
沢田さんドア修理	☐
青山さんアポ	☑
田中邸見積もり	☑
松田邸見積もり	☑
杉山邸見積もり	☑
	☐
	☐
	☐
	☐

じっくりタスク	期限
お客様事例集	5月末
ハウスクリーニングマニュアル作成	5月末
ホームページ用原稿	6月中旬

今月やりたいこと

不動産会社に営業

今日の目標

訪問　20件（月400件、昨日まで143件）
売上　月400万（昨日まで280万）

今日の結果

訪問　19件（累計162件、昨日まで238件）
売上　0円（累計120万、目標まで280万）

うまくいったこと（グッジョブ）・感謝

顧客からリフォーム案件を持つ不動産会社を紹介された

ルール化すること

不動産会社にもっと営業

うまくいかなかったこと（バッジョブ）・反省

留守宅が多く効率が悪い、特に午後！

改善策

午前は個人宅、午後は不動産会社に営業

励まし・自分へのエール

売上はもっと伸ばせる！

メモ

不動産会社営業時のツールをつくる

どういうタイミングで日報を書くか

ＰＤＣＡ日報を実践するうえでとても大切なのは、書くタイミングです。日報というと、一般的には一日の業務の終わったあとに書くのが普通だと思います。しかし、業務中に思いついたアイデアとか、やってしまった小さな失敗などは、起きたあとにすぐ書きとめておかないと忘れてしまいます。だから、私たちはクライアントに対して、日報１カ月分をファイルにとじて常に持ち歩き、ちょこちょこ書いてもらうようにお願いしています。

最も効果的なのが、朝、昼間の業務中、夜の三度に分けて書くことです。つまり、朝の始業前に予定を書き込み、昼間は日報をそばに置いて行動するたび、気づきがあるたびに書き、仕事が終わったあとの夜に、１日を振り返りながらよかったことや改善策を考えます。私たちのＰＤＣＡ日報の書き方は、ひとまず**「朝5分、昼間ちょこちょこ、夜7分」**と覚えてください。

では、ＰＤＣＡ日報の書き方をもう少し細かく見ていきましょう。

PDCA日報は書くタイミングが重要

朝 5分	1日の計画を書く（目標と目的意識をしっかり持つ）
昼 ちょこちょこ	行動・思考したことを書く（仕事中に思いついたことや気づきを忘れないうちに書きとめる）
夜 7分	1日を振り返り、改善する（よいことを伸ばし、悪いことを改善する）

「朝5分、昼間ちょこちょこ、夜7分」と覚えよう！

朝5分でやること

まず、朝。所要時間は5分。

仕事に入る前に、日報の一番上に**「元気の出る一言」**を書きます。「売上○○万円達成！」「受注○件！」といった具体的なものでもいいですし、「念ずればかなう」「目の前の人を笑顔に」「悩むより行動」といったポリシーやモットーを書いてもいい。ポイントは、前向きに1日が過ごせるようなポジティブな宣言にすることです。

次に書くのは**「夢・希望」**。ここには、「会社の年商を○億円にする」とか「お客さんをこう喜ばせたい」とか、ビジョンを書いてもいいです。私の場合だと、「日報コンサルタントを１０００人育成し、日本を変える」と書いていますが、毎日同じことを書いていると飽きてくるので、その日の気分で書く内容を変えてください。先日、神戸でセミナーを開催したとき、私は日報の「夢・希望」の欄に「おいしい神戸牛が食べたい！」と書きました。重要なのは、その言葉によって自分のテンションが上がるかどうか。「○○の時計が欲しい」とか「○○に家を建てたい」など、欲しいもの、手に入れたいもの、物欲に基づくことを書いてもらって構いません。

けれども、日報を書き続けて、業績が上がっていくと、クライアントのみなさんの書く内容が、自分の物欲から、社員の幸せや社会をよくすることへと、視点が大きく変わっていきます。成長している企業の経営者にこの傾向が見られ、興味深いところですが、最初から気負いすぎたり、背伸びしたりする必要はありません。

繰り返しますが、「元気の出る一言」や「夢・希望」を書く目的は、一日のテンションを朝から上げるためです。テンションは、仕事のパフォーマンスを上げるうえでとても重要な要因で、同じ仕事に取り組んでも、テンションが高いほうが成果も出やすくなります。

自分の時間を予約する

次に、今日、何を達成しないといけないのかに関して具体的な**「目標」**を書き、事前に入っているアポイントなども勘案してスケジュールを**「今日の予定」**に書き入れ

緊急度と重要度のマトリックス

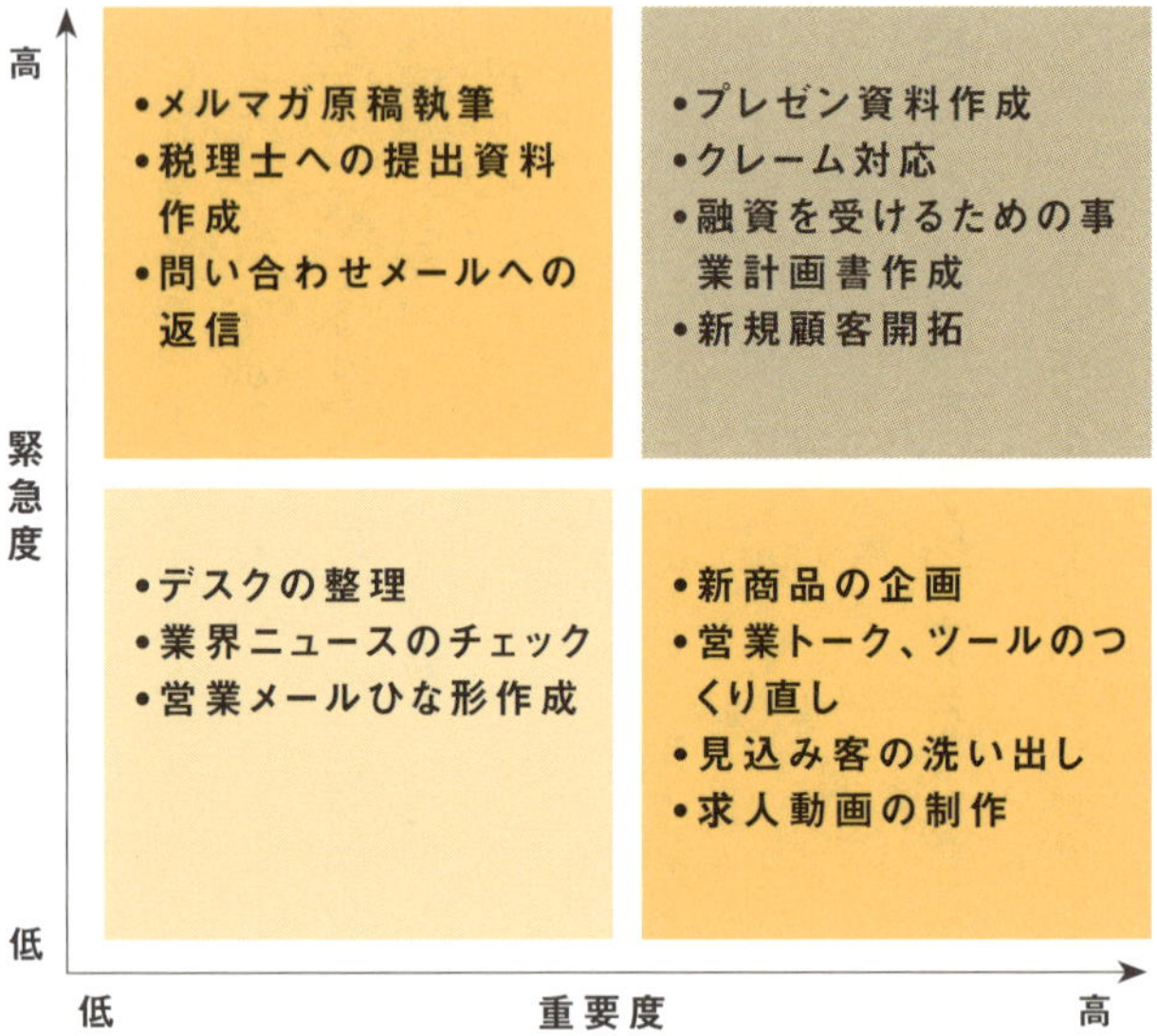

ます。今日よりも先の予定は、年間予定表や月間予定表にどんどん入れてください。さらに、今日やらなければならないタスクについても、書き込みます。15分を基準に、それ以下で終わるものを**「すきまタスク」**に、15分以上かかりそうなものを**「じっくりタスク」**に分類します。そして、やや緊急度が低いことは「今月やりたいこと」に記入します。

やるべきことやりたいことを、緊急度と重要度別に分けて、つまり、「緊急度高×重要度高」「緊急度高×重要度低」「緊急度低×重要度高」「緊急度低×重要度低」と四つに分けて整理するくせをつけていくと、タイムマネジメントが上手になっていきます。次ページの図のような四象限のマトリックスを常に頭の中に思い描いてください。当然、最も優先度が高いのは**「緊急度高×重要度高」**に区分けされたものです。

ここまでが、朝5分で書くことです。最初は慣れないので5分以上かかることもありますが、すぐに慣れますのでご心配なく。次は「昼間ちょこちょこ」です。

昼にちょこちょこやること

昼は、予定に対する**「実際の結果」**とそれに関する気づきを記入します。この日報は誰かに報告するためのものではなく、自分の成長のためにつける日報なので、正直に、素直に、そして具体的に書くことがポイントです。

うまくいったことだけでなく、うまくいかなかったことも洗いざらい書いてください。そして、夜会社に戻って、あるいは帰宅後に自宅で、昼間に書いたことをもう一度見直す。つまり、「復習」をする。朝5分でその日の計画を立てるのは「予習」に当たります。こうして、日報を使って毎日、予習と復習を繰り返し、経営のスキルをどんどん上げていくことが日報活用の狙いです。だから、日報を書くタイミングが重要なのです。

私も、日報コンサルタントになる前は、飲食業からアパレル販売、工務店まで、多くの職種（主に営業や販売）を経験してきました。工務店の営業マンだったときは営業直後の車の中で、アパレル販売員だったときはレジの下に日報ファイルを置いておいて、会計が終わってお客さんをお見送りしたあとに、接客の結果をちょこちょこと書いていました。

ささいな「変化」にチャンスあり

行動した直後に書くこと。これが極めて大切なポイントです。

その理由は、忘れるからです。あとでまとめて書けばいいと思っていると、絶対に忘れる。それくらい、人間は忘れるようにできています。特に、いやな体験をすぐに忘れようとします。ところが、営業活動などはうまくいかないと、いやな体験の連続になってしまう。私にも経験があります。飛び込み営業をしてどんどん断られる、いやな気持ちになる、すぐに忘れたい。その状態で夜、事務所に戻って昼間に何が起きたのかを思い出そうとしても、細かい部分まではなかなか思い出せません。なので、接客や営業、商談の直後に、結果と気づきを短くて構わないので書く。ここをお忘れなく。

かつて私が工務店の営業マンだった頃、不動産会社を何軒も回っていました。営業の中身は、不動産会社などが持っている賃貸物件のリフォーム工事の受注。小さな工務店だったので、営業マンも作業着を着て、現場のリフォーム作業を手伝うことがありました。

ある日、営業に行く際に、スーツに着替える時間がなくて、作業服を着たまま営業に出たことがありました。営業先の会社に到着し、駐車場に車を停め、そこでスーツに着替えて事務所に向かったのですが、その様子は事務所からまる見えでした。急いで着替えたので、ズボンからシャツがはみ出していたかもしれません。すると、営業先である変化があったのです。

普段は、立ち話で終わることも多かったのですが、いすを勧められ、お茶まで出てきたんです。当然、いつもよりも長い時間、話を聞いてもらえることができました(その理由はのちほど説明します)。

訪問後、駐車場の車の中で、日報に「午後3:00　○○不動産　お茶を出してもらった、感動!」と書きました。実はこうしたちょっとした変化を忘れる前にすかさず記録できることが、日報のすごいところです。

夜7分でやること

仕事が終わったあと夜7分で1日を振り返ります。

7分というと中途半端に思われるかもしれませんが、人間の最も集中できる時間は15分間と言われています。たとえば、非常に高い集中力を要する同時通訳者は、最高の仕事ができるのは15分が限界で、15分ごとに別の通訳者に交代するのが理想的と言われています。その約半分の時間の7分なら、集中力を保てますし、それほど疲弊しないということで設定しました。

最初のうちは、いろいろ考えているうちに20〜30分たってしまうかもしれません。でも、できるだけ7分で打ち切ってください。これが、日報を長く続ける秘訣の一つです。

夜の日報への記入に長く時間をかけていると、だんだんおっくうになってきて、日報を携帯し忘れたり、紙が切れたりといったささいなことがきっかけになり、日報記入の習慣が中断してしまうことがよくあります。7分間で集中して書いて、それ以上かかりそうでも途中で記入をやめる。それくらいの感覚で取り組んでください。

夜の日報記入は、まず朝に書いた「今日の目標」に対して結果がどうだったのかを**「今日の結果」**の欄に書きます。業種にもよりますが、月間の売上目標を日次の目標に分けることができるのであれば、その数字を目標に書き、**「今日の結果」**の欄には、その日の結果と、月初からその日までの進捗状況（目標に対していくら上回っているのか、下回っているのか）も書いてください。下回っている場合には、どうすれば挽回できるか、方策を考えます。

そして、ここからが日報の最も大事な部分になります。

「うまくいったこと（グッジョブ）」と**「うまくいかなかったこと（バッジョブ）」**の振り返りです。

先ほどの私の例では、「作業着から急いで着替えて営業してお茶が出てきたこと」がグッジョブ。では、なぜスーツで営業に行ったときよりも、営業先の対応が温かかったのか。その理由の分析が必要です。私の分析は、おそらく「スーツよりも作業着を着たほうが相手の心理的な障壁が下がり、親近感がわくのではないか」でした。分析結果を**「うまくいったこと」**に書き込みます。
そして、うまくいったことは、同じことをほかでやっても成功する確率が高いため**「ルール化」**します。つまり、この場合であれば「他の営業先にも相手から見える場所で作業着から急いで着替えて、あるいは作業着で営業してみる」です。
次に**「うまくいかなかったこと（バッジョブ）」**について考えてみましょう。

欠点を長所に変える方法を考える

私は営業マン時代に、営業先から断り文句として「きみは若いから」としばしば言われました。「若いから」というのは、実績がないので不安、信用できない、何らかのトラブルが起きるリスクがある、という意味が含まれています。

営業先というのは、基本的には断る理由を探しています。さまざまな会社から営業のアプローチが毎月何十件と来るわけですから、すべて「はいはい」と応じるわけにはいきません。基本スタンスは「断る」です。

当時の私は20代そこそこで実際に若かったですから、「きみはまだ若いから」と言われると事実なだけに反論しにくい。そこで私は夜、**「うまくいかなかったこと（バッジョブ）」**の欄に「今日も『きみは若いから』と言われた」と書いて、改善策を考えました。

「若い」ということをポジティブに表現できる方法は何かないだろうか。

若いことは事実であり変えられません。営業先が「若さ」をネガティブに捉えて断り文句にしている。ならば、「若さ」のポジティブな面を具体的にアピールできれば、相手の断り文句を封じられるのではないかと考えました。

私が工務店の営業マン時代に考えたのは「若さとスピードだけは負けません」というキャッチフレーズでした。若いからすばやく動けるし、多少の無理も利くというイメージを相手に持ってもらう戦略でした。

そこで**「改善策」**には「キャッチフレーズ　若さとスピードはどこにも負けません」と書きました。

受注確率が驚異的に向上

その後、作業服とこのキャッチフレーズは、私の営業の武器になりました。相手に「若いから」と言われる前に、「若さとスピードだけは負けません」と言う。すると、すでに私が「若さ」について言及しているので、相手は「若さ」について言い出しにくくなります。

スピードに関しても、言うだけでなく、他社が2カ月半かかるリフォーム工事を2カ月でできるように工期や人繰《ひとぐ》りを調整して、営業先の見込み客に提案したところ、営業の受注確率が7〜8割と驚異的に上がりました。不動産会社にとって、半月早く完工するということは、半月早く家賃が入ってくるということですから、受注確率が上がったのは当然です。

手書きの日報がすぐれているのは、業務のなかでのちょっとした気づき、成功体験、失敗体験をすぐに書き留められることにあります。繰り返し言いますが、何かを思いついたら直後に書き留めておかない限り、すぐに忘れてしまいます。その結果、同じ失敗を繰り返し、嫌になり、目標をあきらめるという悪循環に入っていきます。

うまくいったことをルール化し、再現可能に

次に重要なのは、うまくいったことをルール化して、繰り返し再現できるようにする一方で、うまくいかなかったことは改善し、繰り返さないようにすること。これを日々繰り返していると、1年後には見違えるように成長しています。

私はこれを複利の成長と呼んでいます。

たとえば、日報で改善を重ねることで、1カ月に3パーセントの差がついたとします。月利3パーセントを複利で回すと、1年で1・42倍になる。そんなイメージです。

ここまで、PDCA日報の書き方と運用の仕方を説明してきました。

これまで例に挙げた日報はどんな業種にも対応できる「スタンダード版」で、最初はこれを活用してもらうのが一般的ですが、業種によって、あるいはクライアントの希望によって、日報の項目をアレンジすることが可能です。

参考までに、日報のバリエーションを提示します。飲食店とネット販売も手がけている小売店向けのスタンダード日報です。

マイ日報（飲食店スタンダード）

年　月　日　曜日

元気の出る一言：

夢・希望

今日の予定		実際の結果	すきまタスク ☑	じっくりタスク	期限
7:00			☐		
8:00			☐		
9:00			☐		
10:00			☐		
11:00			☐		
12:00			☐	時間があったらやりたいこと	
13:00			☐		
14:00			☐		
15:00			☐		
16:00			今日の売上目標	今日までの売上	
17:00			円	円	
18:00			今日の目標	今日の結果	
19:00			［ランチ］	［ランチ］	
20:00			客数　人 売上　円	客数　人 売上　円	
21:00			客単価　円 新規　組	客単価　円 新規　組	
22:00			リピート　組 ［ディナー］	リピート　組 ［ディナー］	
23:00			客数　人 売上　円	客数　人 売上　円	
0:00			客単価　円 新規　組	客単価　円 新規　組	
1:00			リピート　組	リピート　組	

うまくいったこと（グッジョブ）・感謝	ルール化すること

うまくいかなかったこと（バッジョブ）・反省	改善策

励まし・自分へのエール	メモ

マイ日報(ネット併設型小売店)

年　月　日　曜日

元気の出る一言:

夢・希望

今日の予定		実際の結果	すきまタスク ☑	じっくりタスク	期限
6:00			□		
7:00			□		
8:00			□		
9:00			□	時間があったらやりたいこと	
10:00			□		
11:00			□		
12:00			□		
13:00					
14:00					
15:00					
16:00					
17:00					
18:00					
19:00					
20:00					
21:00					
22:00					
23:00					
0:00					

目標と実績(店舗)		新規来店理由	
今日の目標売上	円	紹介客	人
今日の実績	円	広告	人
今月の目標売上	円	自社ＨＰ	人
今日までの売上	円	インスタグラム	人
目標売上まであと	円	フェイスブック	人
今日の来店数	人	ブログ	人
今日の新規来店数	人	ツイッター	人
今日の目標購入者数	人	メルマガ	人

今日売れたもの・アクセス数が多かったもの(ネット)	
(Rakuten)	(Yahoo!)
(Amazon)	(自社HP)

うまくいったこと(グッジョブ)・感謝	ルール化すること

うまくいかなかったこと(バッジョブ)・反省	改善策

励まし・自分へのエール	メモ

日報でPDCAを回し、成果を確実に出す

みなさんは、「レコーディング・ダイエット（食事日記）」という言葉を聞いたことがありませんか。

レコーディングというのは、記録すること。つまり、毎日、体重と食べたものの日記を付けていくことで無理なく体重を落とせるというダイエット法です。実際に、医療の現場でも、肥満治療の一環として、食事日記が取り入れられ、減量の成果を出しています。携帯のアプリもたくさんあります。

なぜ、食事日記が効くのか。それは、見えにくいものを見える化し、PDCAサイクルをうまく回せるようになるからです。

P（計画）　無理なく体重を減らす
D（実行）　その日食べたもの、体重などを記録する
C（振り返り）　食事の内容、量、バランス、体重との関係、運動などを考える
D（改善）　よいことは続け、悪いことは改善する

日報を活用して、
PDCAをどんどん回していきましょう!

日常の試行錯誤の積み重ねと変化の記録の積み重ね。
そこから導き出される気づきの連鎖が、業績アップの原動力になります。

①
PLAN
月間予定表と昨日の振り返りなどから、今日の行動を書き出す
②
DO
日報をファイルに入れて常時携行し、行動結果や気づきなどをその場で記入する
③
CHECK
1日の出来事、行動結果などを振り返り、「よかったこと」と「悪かったこと」を整理する
④
ACTION
「よかったこと」をルール化し、「悪かったこと」の改善策を考え、翌日以降試してみる

昼食や夕食に何を食べるか、ほとんどの人は「何となく」「アバウト」に決めています

「昼にそばを食べたから、夕食は麺類を避けたいな」というくらいの判断は働きますが、1日を通じての栄養バランスやカロリー総摂取量にまでは、なかなか思い至らないものです。

ところが、食事日記を付け始めると、意識が変わります。毎食、何を食べたかが「見える化」され、食べた結果も「体重」として、明確にフィードバックされるからです。

そして、日々の体重の変動を見ながら、何を食べたら太るのか、食事がどのように偏っているのか、どんな時に体調がいいのか、といったさまざまな気づきが生まれていきます。悪かったことは修正し、よかったことは続ける。この積み重ねで、無理なく体重をコントロールできるようになっていくというのが、食事日記のメカニズムです。

これは日報がもたらしてくれる効能とまったく同じです。

日報を書くうえでの四つの留意点・心構え

日報を開始後、常に意識してほしいのは、「行動」「数字」「習慣化」「改善」の四つです。ここに掲げた具体的な項目を月に一度、チェックしてみてください。

①行動

- □ どんな行動をどれだけやっているか?
- □ どんな流れの一日を過ごしているか?
- □ どんな割合でどんな行動を取っているか?
- □ 優先順位を付けることができているか?
- □ 行動パターンは理想的か?

②数字

- □ 目標を数字で把握できているか?
- □ 目標、実績、累計などを記入できているか?
- □ 数字に対する危機感があるか?
- □ 数字に対する向上心があるか?
- □ 行動の目標数値があるか?
- □ 数字を行動に落とし込めているか?

③習慣化

- □ 朝5分、昼間ちょこちょこ、夜7分を徹底できているか?
- □ 日報を携行し、行動や思考をした直後に記入しているか?
- □ 訪問先の社名や担当者名を具体的に書いているか?
- □ 書かれている内容がポジティブか?

④改善

- □ よかったこと、悪かったことなど、気づきを得られているか?
- □ 次に行うべきことが見えているか?
- □ しっかりと反省できているか?
- □ 不足・不満足に思うことに対して、解決策を考えているか?
- □ 次につなげる思考ができているか?

どんな業種であっても、業務の内容は見えにくいものです。ここを個人の感覚に任せていると、業務の改善などできません。漫然と食事を取ってどんどん不健康になっていく状態です。ですので、毎日、毎週、毎月の目標（予定）はできるだけ数字で明確にして、自分がいまどこの位置にいるのかを正確につかむことが非常に大切です。

数字として視覚化されていると、人間というのは不思議なもので、無意識のうちにその数字を上げたい、目標との差を縮めたいと思うようになります。「人間は目標を追い求める動物である」というのは古代の哲学者アリストテレスの言葉です。この言葉のあとにはさらに「目標へ到達しようと努力することによってのみ、人生が意味あるものとなる」と続きます。

第5章の「利益を出すための財務分析」でも触れますが、月が終わったら少なくとも1週間以内に月次採算表をつくっていただきたい。月が終わったら部門ごとの売上と経費の数値（推定値）を締めて、目標（予定）に達しているかどうかをチェックしてください。有名な京セラのアメーバ経営でも、こうした部門別採算が活用されています。実績の数字と月次目標との差異を見て、対策を考えます。

目標がアバウトな人は成功しない

私たちのクライアントは中小零細企業の経営者です。コンサルティングの初期段階では、「日報を入れてどうなりたいか」を聞きます。

大抵の方は、「売上を大きく伸ばしたいね」と言います。しかし、「大きく」というのは、意気込みとしてはわかるのですが、目標としては漠然としています。ゴールが見えなければ、人間はそこに向けて歩き出すことはできません。

「3年で売上高を2倍にする」というように、具体的な数字が出てきて、初めてゴール地点が決まり、そこに到達するにはどうしたらいいかを考えられるようになります。

先ほどのレコーディング・ダイエットでも、最初になりたい自分を具体的に設定しておくと、より効果が上がると言われています。目標体重だけではなく、サイズの少し小さめのジーンズを買っておいて、それを着こなせている姿を思い描くといった具合です。

日報でも、**「夢と希望」**を書く欄があります。毎日、夢と希望を確認することで、潜在意識の中に刷り込まれていき、業務改善の活力につながっていきます。

契約率が上がる魔法のボールペン

改善の習慣化も、レコーディング・ダイエットとの大きな共通点です。一日の業務を見返して、「よいこと」はルール化して続け、「悪かったこと」は改善する。これを続けていくと、「よいこと」がどんどん増えていきます。また、こういう視点を常に持っていることで、それまで見逃していた改善点や課題、アイデアにも、気づけるようになっていきます。

気づきはちょっとした小さなことで構いません。数の多さが大事です。日報をつける前よりも、いろんなことに目が行き届くようになるはずです。

私が以前、工務店の営業マンだった頃、一つ悩みがありました。商談の最終段階、つまりクロージングのところで、営業先が契約書になかなかサインをしてくれない。「今日のところはちょっと」と引き延ばされることもよくありました。

クロージング段階で、最終的な決断を引き延ばされることは大変危険です。「鉄は熱いうちに打て」が鉄則。相手の気持ちが盛り上がっている時にしっかり契約まで持ち込むことが、成約率を上げる秘訣です。最後のところで時間がかかってしまうと危ない。相手が心変わりするリスクが高まります。
日報には、「クロージングで苦戦、次回に絶対契約！」と書き込んだのですが、何か対策を編み出さないといけないと思いました。くだらないことも含めていろいろなアイデアを考えた末に、一つトライしてみたいことを見つけました。

プニュプニュ作戦

私が考えたのは、一度、相手にペンを持たせて、契約書にサインする心理的障壁を下げる作戦でした。私が持っていたボールペンの中に、グリップのところにとても柔らかいシリコーン素材が巻いてあるものがあり、そこを指で握るとプニュプニュした気持ちのいい感覚が味わえます（ちなみに、三菱鉛筆の「ユニ・アルファゲル」というボールペンです）。

クロージングの商談の初め頃に、雑談で「社長、最近面白いボールペンを買ったんですよ。これなんですけど、こうやって握るとプニュプニュして癒やされるんです。ちょっと試してみませんか？」といって、ボールペンを握ってもらいます。たったこ

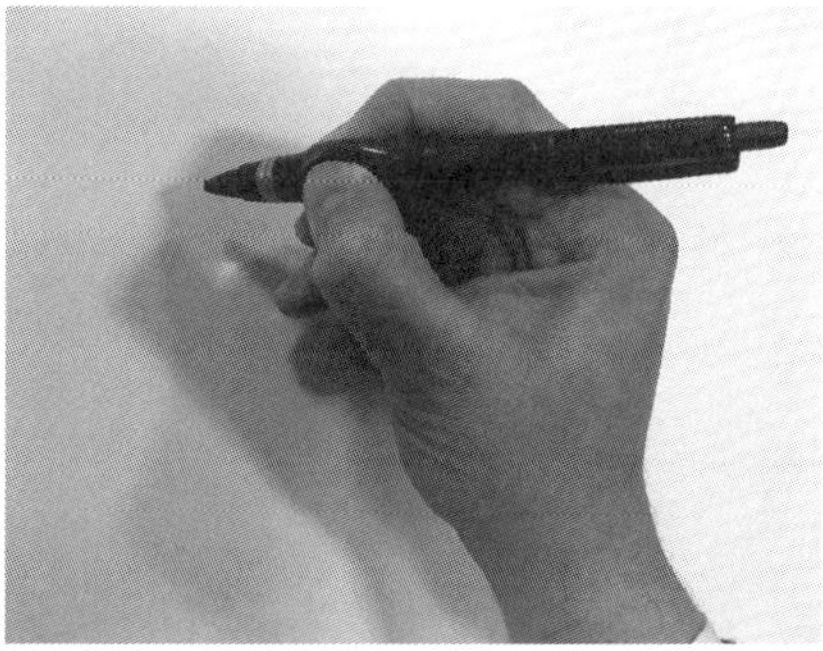

れだけ。

そのあと、クロージングのタイミングを見計らって、「今日、契約書にサインをいただきたいのですけれど」と言って、契約書と先ほどのボールペンを相手の前に差し出すと、こちらの想像以上に、すんなりサインをしてくれました。もちろん、「プニュプニュ・ボールペン作戦」は、ルール化して、その後も大きな成果を収めました。

このように、問題点や課題を書いて「見える化」し、その「対策（あるいは仮説）」を考えて実行に移し、その結果をさらに検証することを、PDCA日報で繰り返していくわけです。

第2章

PDCAをすばやく回していくコツ

できる経営者、有能なビジネスパーソンというのは、自分なりのPDCAサイクルをすばやく回す方法を身につけていて、それを高速で回して、結果を出しています（本人はそれを自覚しているかどうかわかりませんが）。

多くの人は、PDCAを頭の中でやろうとします。けれども、すでに述べたように、人はやったこと、その時に思ったことをすぐに忘れがちです。何かを思い立ったら、具体的にその内容を紙に書き出し、達成の期限を決め、定期的に振り返りながら目標や目的との差を認識した上で軌道修正し、進捗を管理する習慣をつけない限り、すぐに頓挫してしまいます。

だからこそ、PDCA日報が力を発揮します。日報を活用すれば、誰でも簡単に、PDCAサイクルを高速に回して、結果を出せるようになります。

ここでは、PDCAをすばやく効果的に回すコツを解説しましょう。

まずは、P（計画）です。

PDCA PLAN 何をするか

やりたいことが一つの時もあれば、あれもこれもやりたい時もあるはずです。まずはやりたいことをリストアップします。さらに、やりたいこと一つひとつについて、その中身を分解し、細分化していきます。

仮に私の会社、日報ステーションで、半年で月商を150万円から300万円に引き上げるという計画を立てたとします。

売上を倍にすると決めただけでは、どこから手をつけていいのかわかりません。「売上倍増」というプランをどんどん細分化していく必要があります。細分化していくと、やるべきことの輪郭が浮かびあがってくるから面白い。

具体的には、売上を倍増させるには、三つのやり方（実施項目）が考えられます。一つ目は「営業件数の拡大」、二つ目は「契約率のアップ」、三つ目は「添削時間の短縮」。日報ステーションでは、クライアントが書いた日報を送ってもらい、添削して返信しているので、その時間を短縮できれば営業により多くの時間を割くことができ

PLAN（計画）のコツ

- 何をするか？　今のやり方＋少しのアイデアで挑戦
- 目的、目標を立てる
- ゴールを決める
- いつまでに、どうやって、どんな成果を出すか 優先順位をつける
- リスクをリストアップし、プランBを考えておく

るようになります。普通の企業であれば、三つ目は「生産性の向上」に当たる事柄がここに入ってくると思います。「営業件数の拡大」を実現する方法として「ターゲット（見込み客）のリストアップ」「営業プロセスの効率化」などが考えられます。同様に「契約率のアップ」や「添削時間の削減」についても実施方法を考えていきます。

このように、目的、実施項目、実施方法とやりたいことを細分化していくと、やるべきことが明確になっていきます。これを図示したのが、「ＰＬＡＮ展開図」です。

空欄のものも用意したので、みなさん

PLAN展開図の例

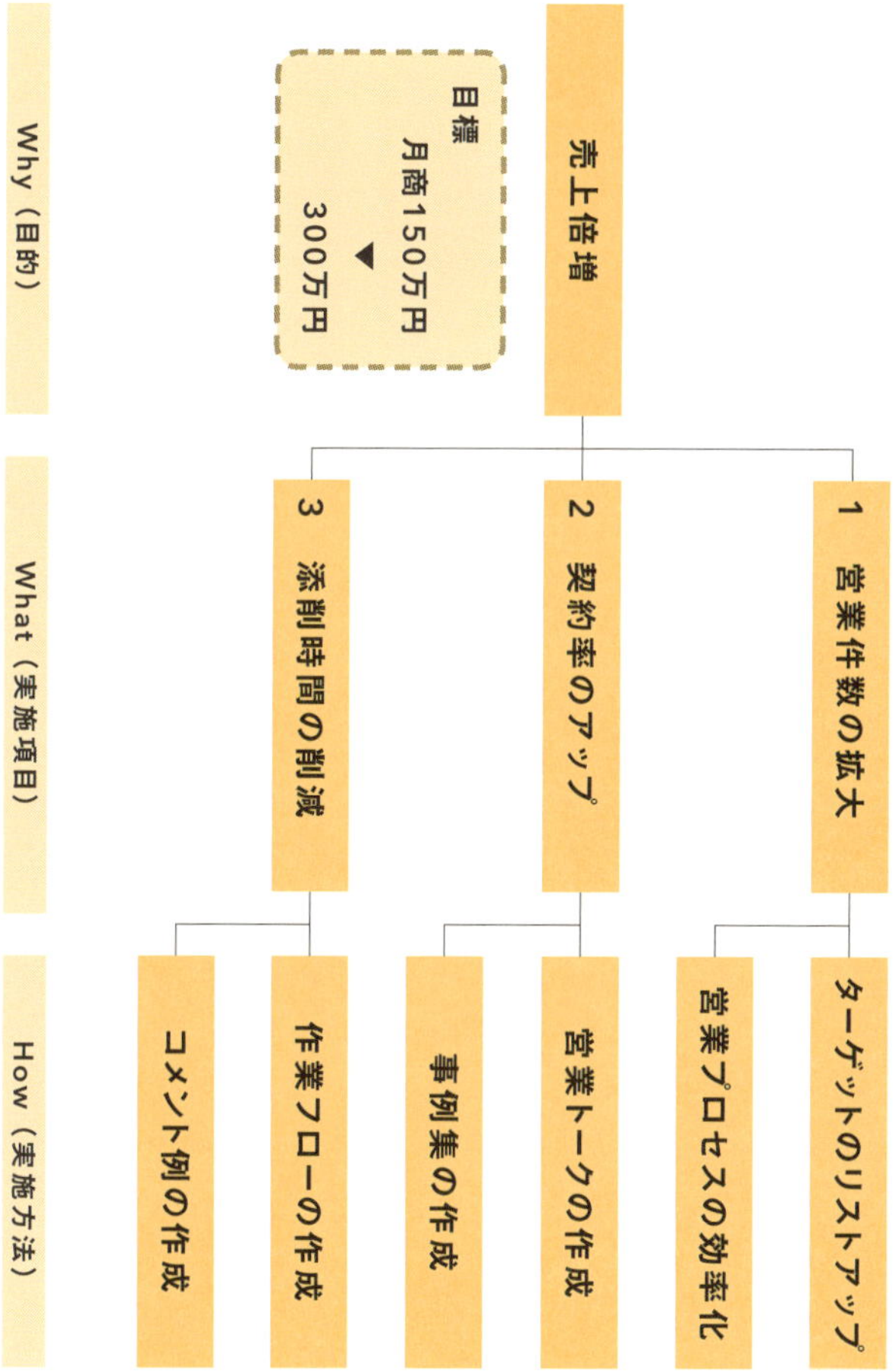
Why（目的）
売上倍増
目標
月商150万円
▼
300万円
What（実施項目）
1 営業件数の拡大
2 契約率のアップ
3 添削時間の削減
How（実施方法）
ターゲットのリストアップ
営業プロセスの効率化
営業トークの作成
事例集の作成
作業フローの作成
コメント例の作成

PLAN展開図を記入してみよう

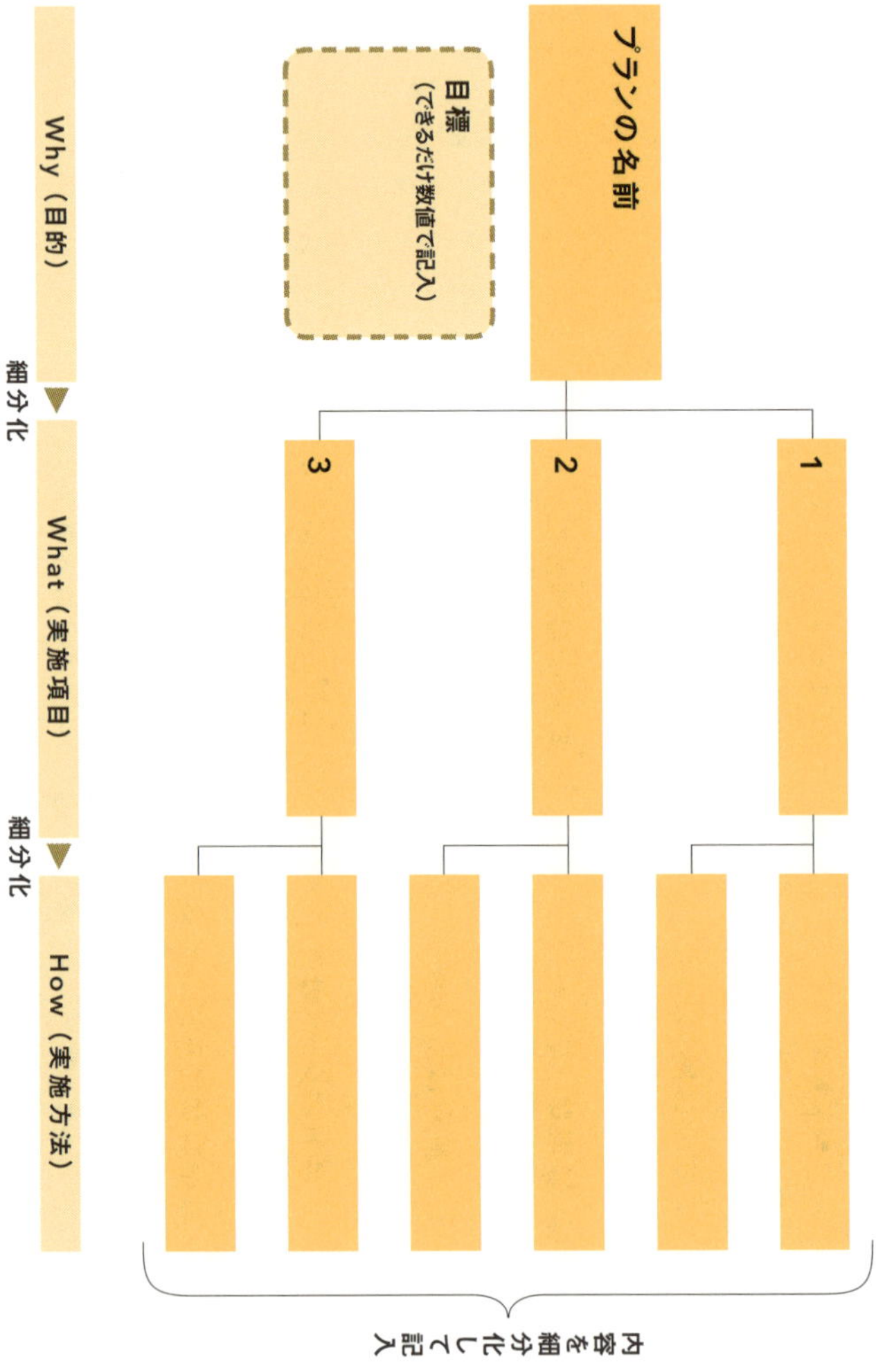

の会社の「PLAN展開図」をぜひつくってみてください。

実は、ここからさらに「実施方法」を細分化し、それぞれに「担当者」「時期」「スケジュール」を決めていくと、誰が、いつまでに、どのような成果を出さないといけないのか、目標達成までの道筋が非常に具体的になります。計画の細部が具体的になればなるほど、進捗状況をチェックしやすくなり、目標の達成確率が上がっていきます。これをまとめたのが次ページの「PLAN作成シート」です。

「PLAN作成シート」の段階では、数字や期限を決めることが非常に重要です。例題では、「実施項目」の欄に、「新規5件→新規15件」と数値目標を入れてあります。このように数字があると、進捗管理が正確になります。「実施項目」を「実施方法」に細分化したら、それぞれ誰が担当するかを決め、実施方法の「開始日」と「終了日」を決めます。この「誰」が「何」を「いつまでにやる」を決めておくことが、プランにおいて極めて大切なことです。

次ページとその次のページに、この例題における「PLAN作成シート」と、参考例として、ネットショップとアパレル店が「売上倍増」のプランを検討したときの「PLAN作成シート」の例を紹介します。

PLAN作成シート（日報ステーションの例）

Why（目的）	What（実施項目）	How（実施方法）	Who（担当者）	When（時期）		スケジュール	
PLAN名:売上倍増　月商150万円 → 300万円				開始日	終了日	4月	5月
売上倍増	営業件数拡大 新規5件 ▶新規15件	5人以下の企業のリストアップ					
		営業先リストの整理					
		営業先リストの社内での共有					
		地区別スケジュールの作成					
		営業プロセスの効率化					
		営業内容ダイジェストビラの作成					
		営業時間の確保					
	契約率アップ 3分の1 ▶2分の1	営業トークの作成					
		クライアントの事例集の作成					
		営業時の質問集の作成					
		反論の処理方法の確立					
		訪問回数のルール決め					
		契約事例の共有					
	添削時間の短縮化 1枚10分 ▶1枚5分	添削の流れの作成					
		添削方法の改良					
		添削コメント例の作成					
		添削コメントのルールづくり					
		添削時間帯のトライアル					
		添削時間のカウント					

PLAN作成シート（ネットショップの例）

Why（目的）	What（実施項目）	How（実施方法）	Who（担
PLAN名：売上倍増　月商225万円 → 450万円			
ユニークユーザー数アップ 月1.5万人▶1.95万人	広告費を増やす	ポータルサイトにバナー広告を出す	
		動画（YouTube）広告を出す	
		リスティング広告を出す	
		SNSに広告を出す	
		NEWS系広告を出す	
	メルマガの開封率を上げる	PC用とスマホ用のメルマガを別々に作成	
		開封時間を分析し、送信時間を変更	
		メルマガ読者限定のキャンペーンの企画	
		上記キャンペーンの実施	
		開封率が高かった過去のメルマガの分析	
		表題に受信者の個人名（名字）を入れて呼びかける	
	SEO対策をする	ページ数（アイテム数）を増やす	
		検索キーワードをページの中に多用する	
		コンテンツの内容を濃くする	
		使い方紹介ページをつくる	
転換率アップ 3％▶3.9％	商品ページの改良	商品写真のレベルを高める	
		商品のディテールがわかるようにする	
		入り口商品をつくる	
		評判の良さを客観的に伝える	
		お客様の声を掲載する	
		キャッチコピーを磨く	
	店の魅力アップ	イベントを企画する	
		安心できるデザインにする	
		特集ページの作成	
		ランキングの作成	
		カテゴリーをつくる	
	不安をなくす	届く状態を見せる	
		ラッピング後を見せる	
		配送期間を掲載する	
		作業風景を見せる	
		大きさがわかる写真にする	
客単価アップ 5000円▶6500円	クロスセルをする	関連商品を集めたページをつくる	
		セット商品をつくる	
		オススメ商品も掲載する	

PLAN作成シート（アパレル店の例）

Why（目的）	What（実施項目）	How（実施方法）	Who
PLAN名:売上倍増　月商300万円 → 500万円			
新規来店数アップ 月3210人▶3528人	目立つお店にする	外観を徹底的にオシャレにする	
		店の前の掃除を徹底	
		オシャレなのぼりを作製	
	店を知ってもらう情報発信	フリーペーパーへの広告	
		自社サイトで新作紹介	
		自社サイトをSNSで拡散	
		インスタグラムにコーディネート例を展開	
		ニューズレターの作製・配布	
		美容室とファッションイベントを開催	
	既存客からの発信	SNSに商品を投稿したらもらえる特典を企画	
		自慢したくなる商品を提案	
		ファッションショーの開催	
リピート客数アップ 月1070人▶1176人	年に2回以上来店してもらう	常連向けのイベントを企画・実施	
		顧客に似合いそうな新作の写真をLINEする	
		コーディネート集を年に4回作成しDMに入れる	
		次回使える駐車場無料券を渡す	
		売り切れ必至の限定商品をつくる	
購買率アップ 新規客8%▶10% リピーター16%▶20%	接客力アップ	試着室の案内を2倍に増やす	
		イベントに合ったコーディネートの提案	
		ボディーに着せる服を2時間ごとにチェンジ	
客単価アップ 7000円▶8500円	提案力アップ	ついで買いできる小物の商品を用意し、2点以上購入を促す	
		セットアップのコーディネート提案	
		試着物以外のパーツを複数紹介	
		スタイルごとに店のレイアウトを変える	
商品の魅力アップ	商品の見直し	新規アイテムを増やす	
		売り伸ばす商品を決める	
		売り伸ばす商品の在庫を増やす	
		売れ筋と売れない商品を開店・閉店時にチェック	

リスクに備える

さらに計画を遂行するに当たって、「想定されるリスク」を書き出し、「起きる前の回避策」と「起きた後の対応策」を考えます。

この例題で言うと、「想定されるリスク」はまったく契約が取れず、計画通りにクライアントが増えないことなどが考えられます。それに対してまず「起きる前の回避策」を考えます。具体的には、営業先リストの見直しや営業プロセスの精査などを再度行う必要があるでしょう。

さらに「起きた後の対応策」も考えておきます。重要なのは、引き際を見切るタイミングです。すべての計画が順調にいくわけではありません。特に、大きな成果を狙った新しい試みは、ユニクロの柳井正会長の言葉のように「1勝9敗」くらいの成功確率になるかもしれません。

失敗を前提に考えるのはとても嫌なことですが、うまくいかないのに「決めたことだから」とダラダラ続けていると、思わぬ額の損害（コストだけでなく、従業員のモチベーションダウン、顧客離れ、信用低下など）を引き起こしかねません。

続けるか、それともやめるか。それを判断するタイミングを事前に設定し、どこまでクリアできていれば継続するかの判断基準も、具体的な数字などであらかじめ決めておくとよいでしょう。判断に感情を入れないことがポイントです。

プランBを用意する

さらに、途中で計画を取りやめた場合に生じる穴を埋めるための、代替案（プランB）を考えておきましょう。この事例で言えば、「既存のクライアントにすべてあたり、それぞれに見込み客を2人以上紹介してもらう」という案を事前に用意しておく、という具合です。

ある大手ハンバーガー・チェーンは、新商品を投入してキャンペーン（通常、期間は2週間）を打つとき、その成果をキャンペーン開始の4日後までに見極め、想定通りに結果が出ていない時はすぐさま打ち切り、「○○バーガー半額」「○○シェイク100円」などといったプランBに切り替えるそうです。それによって、店は売上を確保できます。

備えあれば憂いなし。プランBは、経営のリスクを低減させる知恵であり、ぜひ活用してみてください。

ここまでは、ある一つの計画を立てる際のプロセスを説明してきましたが、いろいろやりたいことが重なるときもあると思います。その場合には、成功確率が一番高い計画（つまり、自信のある計画）から実践することをクライアントに勧めています。

PDCA DO 実行する

「実行」で重要なのも事前準備です。ポイントは「標準化（マニュアル化）」です。先ほどの「PLAN作成シート」の「実施方法」をご覧ください。そこには「営業トークの作成」「反論処理方法の確立」「内容のパターン化」など、行動のための共通のルールやマニュアルをたくさんつくることが書かれています。その狙いは、行動する人がその都度、頭で考えなくてもいいように最良の行動パターンを決めておくことにあります。

例として、私の会社、日報ステーションの営業の流れを紹介します。

マニュアルは鮮度が命、常に改訂する

例題にしている私の会社の売上倍増計画では、「営業件数の拡大」と「契約率のアップ」と「添削時間の短縮化」を「実施項目」にしていますが、単に、営業件数を増やすだけではつらいですし、まして「契約率のアップ」をめざすのであれば、営業の「質」を上げていく必要があります。

そこで、営業で実際に何をやっているのか、業務の流れを書き出し、さらに営業先とどんなトークをすればいいか（いわば、トークの台本）や、その際に使う営業ツールを事前に用意します。

営業の流れ
（日報ステーションの例）

1 興味付け（初回営業）30分

自己紹介
▼
日報コンサルタントとは何かを説明
▼
自社の紹介
▼
クライアントのストーリー
成功事例の紹介
▼
サービスの流れを簡単に説明
▼
次回アポイントメントを入れる

▼

2 ヒアリング 60〜90分

自社の説明、成果の出たクライアントのストーリー紹介
▼
自分自身の夢などを話して、相手の夢を話してもらう呼び水にする
▼
相手のかなえたい夢・ビジョンをヒアリングする
▼
相手のかなえたい夢・ビジョンをシートに書き出し、整理する。（ほとんどの人が自分で整理できていないので、やる気が出てくる
▼
サービスを詳しく説明する（なぜ日報で成果が出るのか説明）

▼

3 提案（スケジュール作成）120分

ビジョン、ドリームカルテ、スケジュールシートでヒアリング内容を再確認

※鍵となる質問
「自分一人だけで実践できますか？（一緒にやりましょう！）」

「社長が本気になったら夢はかなうと思います」

「盛り上げてくれる人、アイデアやノウハウを与えてくれる人が近くにいますか？」

「アイデアがあっても第三者がチェックしないと実行できませんよね」

▼

4 クロージング（成約）120分

1〜3の各段階でクロージングを随時行っていく。

※鍵となる質問
「社長、日報添削をやってみたくありませんか？」

「成果を出すならゆっくりがいいですか、最短がいいですか？」

「夢がかなうとしたらいくら払いますか？」

「社長の覚悟が決まる金額を言ってください」
▼
契約書の説明、契約書裏面の読み上げ、契約締結

▼

5 契約後の流れ

ビジョン、ドリームカルテ、スケジュールシートの作成（クロージングから1週間以内）
▼
日報フォーマットの作成
▼
日報添削の開始
▼
定期面談の開始

つまり、ここに示した「営業の流れ」をどんどん細分化していき、これを使えば誰でも営業できるマニュアルをつくるということです。営業マニュアルは、いわば生ものです。一度つくったら終わりではなく、鮮度を維持するためにどんどん改訂して成功体験を全員で共有します。

ノウハウを「見える化」する

中小零細企業では、社長が「売上倍増」という計画を立てたとしても、あとは営業担当者に「頑張ってこい！」「何としても目標を達成しろ！」と発破をかけるだけで、こうした準備をせず、営業マン個人の裁量に任せているところが多いと思います。いわば、根性営業というやつですね。

優秀な営業マンは、頭の中に営業の流れやトークのネタができているけれど、それはほんの一握りの人材で、大半の人は、「急に売上倍増と言われても無理だよな」と不満に思うはずです。

営業成績を上げるには「使える武器」が必要です。そのために、優秀な営業マン

（多くの場合は社長）のノウハウを文字に落として「見える化」する必要があります。そうすれば、営業マンも安心できますし、組織全体の能力が底上げされていきます。また、営業マンも何をすればいいのかわかるので、不満が減り、離職率が低下するという副次的な効果も期待できます。

実は、人間というのは、次の行動をいちいち考えながら動いていると、俊敏性（アジリティー）が低下して、同じ時間内での行動のパフォーマンスが落ちていきます。この例題のように、営業件数を上げていくためには、マニュアル化、標準化によって、いちいち考えなくても行動できるように、事前準備をすることが欠かせません。

あなたの会社でも、ぜひ、次のシートを使って、業務の流れを「見える化」してみてください。

参考例として、リフォーム会社の営業に関する業務の流れと、その第一段階である興味付けの中身をさらに細分化、具体化した行動のチェックリストを載せました。このようにどんどん細分化、具体化していくことで、おのずと営業マニュアルができていきます。

業務の流れ
（必ず成果が出る鉄板の流れをつくって全員で実践）

業務の流れ（リフォーム会社の営業の例）

興味付け（初回営業）30～60分

あいさつ（回っている理由を伝える）
▼
会社の説明（コンセプト・技術・こだわりを伝える）
▼
リフォーム事例紹介（「こんなふうにしたい」と思ってもらう）
▼
お得な話（省エネ、助成金、キャンペーン情報など）
▼
お客様の状況ヒアリング
▼
来社予約をしてもらう

※「会社の説明」以降の順番は臨機応変に変える

▼

ヒアリング（お客様来社）90～120分

リフォーム事例の紹介
▼
自社のこだわり、他社との違いを説明
▼
生活スタイルのヒアリング
▼
現状で必要な工事、オススメ工事の提案
▼
やりたい工事を聞く、時期、予算の確認（大まかな見積もりをつくる）
▼
リフォームの流れの説明

※お客様のリフォーム後のイメージを高めて、「工事を依頼するなら、この会社にしたい」と思ってもらう。

▼

提案（お客様宅または会社で）120分

ラフ提案、ラフ見積もりを説明（3種類のバリエーションを用意）
▼
これからのライフスタイル（人生計画）の話をする
▼
リフォーム項目を絞る
▼
予算、支払い計画を考える
▼
リフォームの詳細を決める
▼
見積書提案

※お客様のライフスタイルに合わせた提案をして、「工事をお願いしたい!」と言ってもらえるようにする。リフォーム内容が固まりきらない場合は再度来社を促す。

▼

契約締結（お客様宅または会社で）120分

平面図やパース、仕様書、工程表を必ず説明し、工事内容を知ってもらう
▼
工事金額の確認
▼
請負契約書の説明（条文を必ず読み上げる）
▼
支払い方法の確認
▼
契約書締結

※成約までアポは取り続ける。成約しない場合は、イベントとフェアで定期的にアプローチしていく。

▼

契約後の流れ

工事前の写真をしっかり撮る（工事後にビフォーアフターをしっかり見せるため）
▼
工程ごとに記録を残す
▼
社内検査、施主検査の実施
▼
引き渡し
▼
アフターメンテナンスの説明
▼
半年後のフォロー訪問

※「依頼してよかった」と思ってもらう工事をして、紹介をもらえるようにする。

営業の流れをさらに分解する（リフォーム会社の例）

興味付けをさらに細分化すると

あいさつ	会社の説明	リフォーム事例の紹介	お得な話	状況ヒアリング	来社予約
•あいさつ •名刺交換 •訪問理由を伝える（飛び込み営業でも近所で用事があったふりをする。『近所で打ち合わせがあり、早く終わったのであいさつ回りをしています』）	•代表者紹介 •会社のコンセプト •技術の高さや確かさ •家づくりのこだわり •お客様に支持される理由（お客様の声）の紹介	•お客様が「ぜひやりたい」「必要」と思ってくれるリフォーム事例の紹介 •すでにリフォームされた方の声も伝えて共感してもらう	•省エネ •助成金 •キャンペーン	•家の状況 •お客様自身の状況（生活スタイル） •困りごと·不満 •希望·要望 •決定権は誰にあるかを探る	•リフォームへの関心をもっと深めてもらう •来社を楽しみにしてもらう

状況ヒアリングのチェックリスト

［リフォーム内容など］
- □建築関係の知り合いはいるか
- □これまでどこに工事を依頼していたのか（依頼していた理由を聞く）
- □家を建てた時のこだわり
- □過去、行ったリフォーム
- □リフォームの見積もりは他社にも依頼したか
- □他社に相見積もりをとる予定はあるか
- □現在の家での不満と理想を聞く
- □リフォームの理想はあるか
- □家のメンテナンス時期と内容を知っているか
- □今の家で不安はあるか
- □リフォームしたい箇所、時期はあるか

［具体的な不満］
- □室内の結露がひどい
- □隙間風が多い
- □床がきしむ、へこむ
- □便器が冷たい
- □お風呂が寒い
- □お湯が出るのに時間がかかる
- □キッチンが使いづらい
- □キッチンの収納が少ない
- □窓やカーテンが開けられない
- □車が停めづらい
- □家の中が暗い
- □見た目がダサい
- □畳が嫌だ
- □クローゼットがない

［生活スタイル］
- □家族構成（同居、別居の両方）
- □家族の年齢、性格、職業、趣味、出身地
- □5年後、10年後、15年後、20年後の家族構成
- □1週間のすごし方（平日の帰宅時間、帰宅後·休日のすごし方、来客の頻度）
- □5年後、10年後、15年後、20年後のすごし方の変化·仕事の仕方の変化
- □現在の部屋の使い方
- □理想の間取り、理想の家を聞く
- □どんな料理が多いか（つくりたいか）
- □リラックスの仕方
- □転居の予定

など

行動の頓挫を防ぐ

ＰＤＣＡの「Ｄ（実行）」で大きな課題となるのが、途中で行動が頓挫してしまうことです。例題のように、チーム単位で取り組んでいる場合には、お互いに励まし合うことができるので、頓挫のリスクは下がりますが、たとえば、零細企業の経営者が自分ひとりで何かに取り組む場合には、つい「甘え」や「怠け」、時には「寂しさ」を感じて、投げ出したくなることがあると思います。

なぜ、「予定」をして実行すると決めても「行動」は頓挫してしまうのでしょうか。それを表したのが、次ページの図です。

「予定」はストレスになります。しかも、今までとは違うことをするときには、そのストレスは非常に大きなものになっていきます。

心理学的には、人はおおむね20歳になるまでは、新奇性選好といって、新しいものを積極的に取り入れようとしますが、20歳以降は、親近性選好といって、自分の趣向に沿ったものを好んで取り入れ、異なる考え方に背を向ける傾向が強まっていきます。ですから、新しいことに取り組む際のストレスはより高まります。ストレスはマイナ

成長できる状態

やる気がストレスより大きい。
挑戦や努力ができる状態。

ストレス状態

やる気よりもストレスが大きい。
挑戦できない状態。

スの力です。

一方で、行動の原動力となるのは「やる気」で、こちらはプラスの力です。上の図は「やる気」と「ストレス」の関係を示したものです。「やる気」が「ストレス」に勝っていると、行動を継続することができます。

つまり、行動を継続できるかどうかのポイントは、ストレスを下げ、やる気を上げて、やる気がストレスを上回る状態に持っていくことにあります。

手っ取り早いのは、自分や行動をともにする仲間のやる気を上げることです。私がクライアントに勧めている四つの方法を紹介しましょう。

ポジティブな気持ちになる自分への質問

Q 目標達成後、自分はどのくらい成長しているだろうか？
Q 目標達成後、周りの人たちはどんな反応をするだろうか？
Q この挑戦は、自分の人生にとってどんな影響を及ぼすだろうか？
Q さらに目標を達成し続けると、自分の将来はどう変わっていくのだろうか？

（1）影響力のある人に宣言する

ストレスに打ち勝つには、「私はいつまでに○○をする」と誰かに宣言するのが有効です。宣言する相手は、家族や友人、取引先など、自分にとってある程度、影響力の大きい人を選ぶとよいでしょう。誰かに宣言すれば、「頓挫してしまうと恥ずかしい」という思いが、「甘え」や「怠け」を撃退する力になります。

（2）ポジティブな気持ちになるための質問をする

また、自分を「ポジティブなマインドセット」にさせる質問をするのもお勧めです。ポイントは、目標を達成した後の自分を想像してみることです。前ページに掲げた四つの質問を自分に投げかけ、答えを紙に書いてみてください。

（3）自分のためのご褒美を用意する

私自身もよくやるのですが、「この目標を達成したら、一泊で〇〇温泉に行こう」という具合に、自分のためのご褒美を用意することも、やる気を高めるのに効果的です。ご褒美は、レジャーでもショッピングでも何でも構いません。気分転換できて、自分の気力を再びチャージできるような事柄を考えてみてください。

私たちのクライアントの保険代理業の経営者は、日報を始めた当初、日報ファイルのトップページに、自分が欲しいブランドの高級時計の写真を貼って励みにしていました。同社は2010年に日報を始めて売上を倍増させ、現在、その経営者の左腕には自分へのご褒美の時計が装着されています。

（4）プロジェクトに楽しい名前をつける

これから取り組もうとしているプロジェクトに、何でもいいのでユニークな名前をつけると、それだけで楽しい気持ちになり、モチベーションアップにつながります。ちょっとしたことですが、「継続」にはこうした小さい工夫の積み重ねが大切です。

時間がない人のために

何か計画を立てた際に、すべての時間をそれに割ければ理想的ですが、現実には、通常のルーティーン業務があり、その中で時間をやり繰りしながら計画を実行していくというのが一般的です。

時間は有限ですから、できるだけ「緊急度・重要度の高いもの」に多くの時間を割けるようにしたいものです。

すでに述べましたが、ここでも業務に優先順位をつけることが重要です。縦軸を緊急度の高さ、横軸を重要度の高さにしたマトリックスを常に意識してください。当然、右上の象限、つまり緊急度が高く、かつ重要度も高いことが、最優先事項になります。次に取り組むべきは、「緊急度高・重要度低」と「緊急度低・重要度高」で、優先順位が最も低いのが左下の「緊急度低・重要度低」の象限です。注意してほしいのは

緊急度と重要度のマトリックス（再掲）

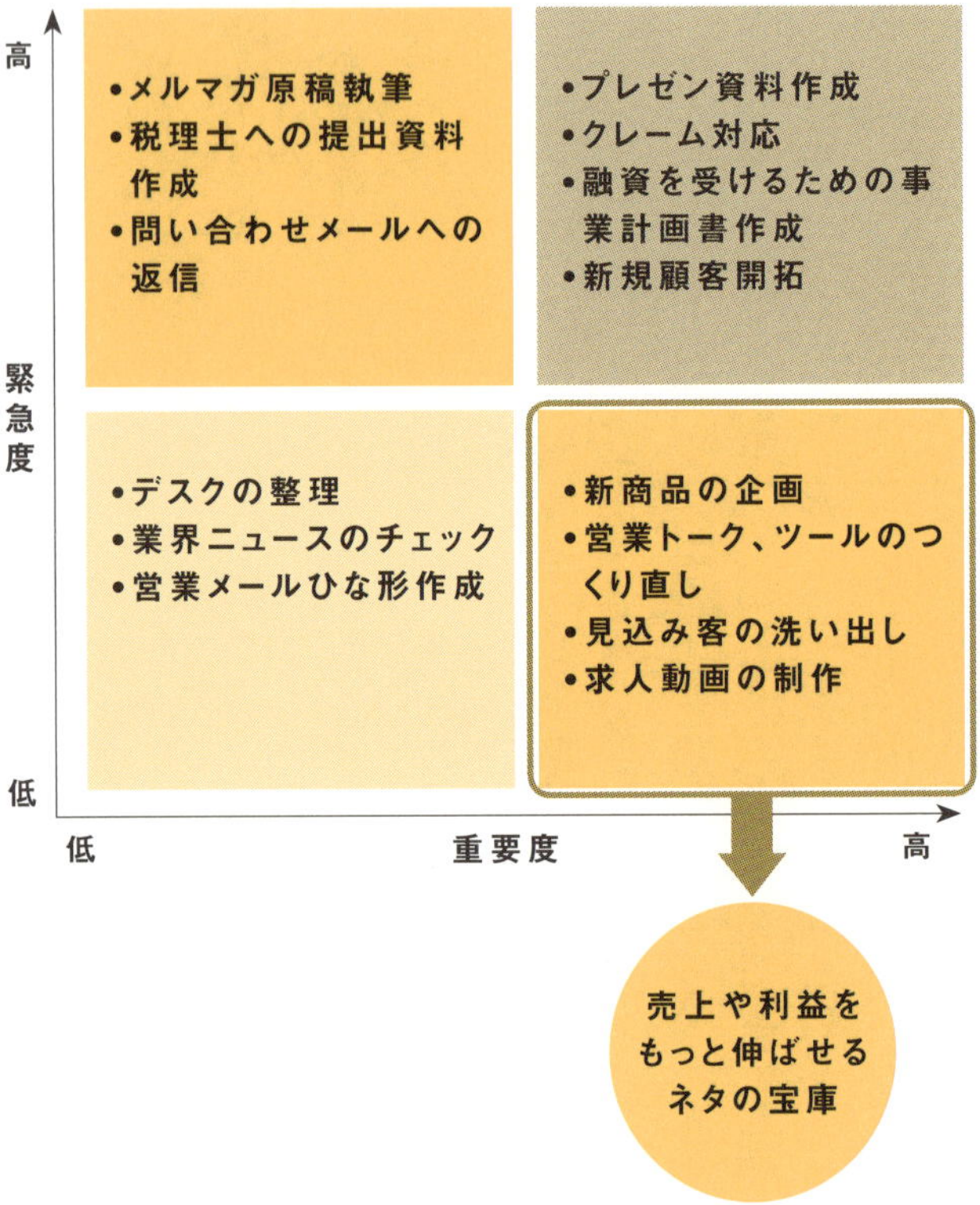

「緊急度低・重要度高」に分類したもののなかに、実は売上や利益をもっと伸ばせるネタが隠れていることが多いという点です。なので、少し時間はかかってもよいので、「緊急度低・重要度高」に分類したテーマには腰を据えて本格的に取り組むことが欠かせません。それが、ビジネスモデルや利益構造の見直しなど、ビジネスの本質に関わる構造改革につながっていくからです。

優先順位の低い業務に関しては、まず、それが必要かどうかを見直し、必要であれば、どうやったらスピードアップできるかを考え、業務のすきま時間にこなせるように、日報にスケジューリングして、なるべく優先度の高い業務に時間と労力を投入してください。

PDCA CHECK 振り返り

いよいよここからが、PDCAのコアとなる部分です。行動した結果をいかに評価して気づきを得られるかが、自己の成長やビジネスの進化に直結します。

ただ、行動の結果を評価するために、何らかの比較する対象が必要です。まず思い当たるのが、PLAN（計画）で立てた目標です。例題で言えば、「半年後に売上倍増」が大目標でした。

それを実現するために、PLAN作成シートでは、「営業件数の拡大（新規5件→新規15件）」「契約率のアップ（3分の1→2分の1）」「添削時間の短時間化（1枚10分→1枚5分）」などを「実施項目」にしました。例題では、月商の金額だけでなく、このカッコ書きしたものが比較対象になります。難しく言うと、キー・パフォーマンス・インディケーター、略してKPIと呼ばれるものです。

評価をするのに月商だけを追っていたら、思い通りに数字が上がらない場合に、何が原因かを突き止めることができません。重要なのは、自分の会社で売上や利益を変動させる要因は何かを考え、それを具体的な数字でつかみ、目標と実績を比較できるようにすることです。

PLAN（計画）の「PLAN作成シート」のところでも触れましたが、自分の会社で目標の比較対象となるKPIは何かを考えるには、目標を細分化するのが早道です。

たとえば、物販店を経営しているのであれば、一口に「売上」と言っても、「売上」は「客数」×「客単価」の結果であり、「客数」も「新規客」と「既存客」に分かれます。さらに「新規客」を大きく捉えると、「来店客（購入なし）」と「購入客」に細分化できます。ほかにも、「1人当たりの購入点数」や「商品種別売上」「男女年齢別売上」などさまざまな指標が考えられます。

仮に「客数を2倍にしたい」という計画であれば、新規客の来店や既存客のリピートをそれぞれどのくらい増やしたいのか、評価基準を設定したほうがいいでしょう。

このように行動結果をわかりやすく評価するために、目標に合ったKPIをつくることが欠かせません。

年収を4倍にして卒業していった保険営業ウーマン

かつてのクライアントの一人に、2年間で年収を4倍にした生命保険会社の営業ウーマンの方（Aさん）がいました。Aさんは、57歳の時に日報を始めて、59歳で年収4倍になり、さらに外資系保険会社に転職してしまいました。転職先でアシスタントがつくことになり、「もう自分でPDCAを回せるようになったので、中司くんは必要なくなった」と言われて、当社との契約は解除となったのですが、いわば当社の卒業生です。

Aさんに日報を書いてもらって2、3カ月ほどしてわかったのは、その日の気分の良しあしによって、こなす営業件数に大きな波があることでした。ある期間は頑張るけれど、そのあとにさぼり、所長に怒られるからまたしばらく頑張り、そしてさぼる期間に入る。その繰り返しでした。自分の気の向くまま、感覚で行動していると、こうなってしまいがちです。ビジネスは「甘え」「怠け」「寂しさ」との戦いであり、経営者にも同じことが言えます。

そこで、Aさんと相談して、KPIを設定することにしました。Aさんに必要だったのは、いい時期の行動量をキープすることでした。頑張っている時期には、1日4、5人の顧客に保険商品のプレゼンテーションをしていました。そこで、1日4件のプレゼンをすることを基準に設定しました。顧客を1日4件回るためには、当然、事前にアポイントを取る必要があり、その前に見込み客を開拓しなければなりません。Aさんは既存顧客に連絡して見込み客を紹介してもらい、それをリスト化し、朝と夜にアポイントを取る時間を設け、毎日コンスタントに4、5件のアポイントを入れることにしました。

もともと「頑張っている時期」にはできていたことでしたから、「1日4件のプレゼン」という基準はAさんにとって無理のないものでした。また、Aさんの場合、営業トークはちゃんとできていました。課題は、コンスタントに行動することだったので、行動をチェックする基準を数字で決めて毎日夜、日報で確認するようにしたら、面白いように実績が上がっていきました。

失敗との向き合い方

日報の記入方法（夜7分）のところで説明したように、成功したことは継続し、うまくいかなかったことや失敗したことに関しては改善策を考えて次に実行し、うまくいくことをどんどん増やしていくことが重要だと言いましたが、チェックでは「うまくいったこと」と「うまくいかなかったこと」の仕分け作業をします。

ただ、失敗したことやうまくいかなかったことを振り返るのは、慣れないうちはメンタル的に少しつらいかもしれません。けれどもそこにこそ、飛躍のチャンスがあります。何か失敗したら「これは成長できるチャンスだ！」と思い、ワクワクしましょう。そのためには、次の「改善」のプロセスが欠かせません。

PDCA ACTION 改善

「改善」で行うべきことは、「よかったこと」はルール化・マニュアル化して継続し、「悪かったこと」は改善して続けるか、あるいは中止を検討します。すでに、本書でも改善の実例を述べてきました。

私の会社の「売上倍増計画」を例題に示しましたが、こうした期間限定のプロジェクトを運用する場合には、次ページのＡＣＴＩＯＮのように「目的」「目標」「活動」「その他」の四つに分けて、見直す必要があるかどうかを検討していくとわかりやすいと思います。

そして、プロジェクトを開始して一定期間が経過したら、ＰＤＣＡの全体の流れ

チェックと改善を繰り返してPDCAを回す

PLAN（目的：半年で売上倍増）

決定日　〇〇年4月1日

目標（数値目標）	活動内容	責任者	実施時期 開始日	実施時期 終了日
営業件数拡大 新規5件▶15件	5人以下の企業のリストアップ	〇〇さん	4月1日	4月15日
	営業先リストの整理	コンサル全員	4月15日	9月30日
	営業プロセスの効率化	××さん	4月1日	5月31日
契約率アップ 3分の1▶2分の1	クライアントの事例集の作成	〇〇さん	7月1日	8月31日
	反論の処理方法の確立	××さん	4月15日	5月31日
添削時間の短縮化 1枚10分▶1枚5分	添削コメントのルールづくり	〇〇さん	6月1日	6月30日
	添削コメント例の作成	△△さん	6月1日	6月30日

DO　毎月末に実施状況を記録

◎よくできた　〇だいたいできた　△あまりできなかった

実施状況 4月	5月	6月	7月	8月	9月	10月
◎	―	―	―	―	―	―
〇	△	〇	〇	〇	〇	―
◎	〇	―	―	―	―	―
―	―	―	◎	〇	―	―
―	―	―	◎	〇	―	―
〇	◎	―	―	―	―	―
―	―	△	―	―	―	―

ACTION

見直し項目	評価	変更の必要性	変更する内容
目的	現在の内容で適切	不要	――
目標	おおむね適切	不要	――
活動	短時間化が不十分	必要	添削コメント例を見直し、トライアルを繰り返す
その他	特になし		

CHECK

作成日　〇〇年9月30日

目標	達成状況	結果、今後の課題など
目的	営業件数18件 ▶目標を達成	
目標	契約率2分の1 ▶目標を達成	
活動	添削時間1枚8分 ▶目標を未達成	

を一覧できる表をつくってみてください。

計画は、「目標」「活動内容」「実施時期」「責任者」、実行は月ごとの「実施状況」、チェックは目標に対する「達成状況」と「結果・今後の課題など」、改善は「見直し項目」に対する「評価」「変更の必要性」「変更する内容」を記入します。

前ページの図のように、PDCAの一覧表をつくると、計画したプロジェクトがどう進展しているのかが一目瞭然となり、「よかったこと」「悪かったこと」を振り返りつつ改善策を考えるのに役立ちます。

失敗するから改善できる

私の工務店時代のエピソードで言えば、作業着のまま営業して、客先からいつもより歓待されたのは「よかったこと」であり、その後、「不動産会社への営業は作業着で行く」ことをルール化しました。

先にも触れましたが、「悪かったこと」に関しては、(1)改善する、(2)やめる、の二つの視点で考えてください。

かつて、客先から「きみ、若いね」と言われて、営業を断られていたことをすでに紹介しました。私は夜、日報をチェックしながら、「若いね」と言われないようにするにはどうすればいいか考え、当初は「老けて見えればいいんだな」と安易に発想し、無精ひげを生やして営業することを試しました。みなさんの予想通り、結果は大失敗。いつもなら飛び込み営業をして15分くらいは相手をしてもらえるんですが、無精ひげを生やしていったら数分で門前払い。その理由は明白で、「怪しいやつが来た」と思われたわけです。

当然、無精ひげ作戦は「悪かったこと」に分類して、やめることにしました。でも、そこで諦めてはいけません。「若さ」を消すことは無理だけど、逆に開き直って「若さ」を武器にできないかと考え始め、42ページで紹介したように「若さとスピードだけは負けません」という改善策にたどり着くことができました。

第3章

実例に学ぶPDCA日報活用法

忙しいだけの毎日から「経営が楽しくなる日々」へ

ケーススタディー ❶

喫茶 俗塵庵サワモト（カフェ）

来店客を高齢者から若い女性に大転換し、売上6倍増

PDCA日報でこう変わった！

〔 月商 **8** 万円 〕

高齢者中心の
ごく普通の喫茶店

↓ ＼1年半で6倍！／

〔 月商 **50** 万円 〕

若い女性客に人気の
スイーツカフェ

　ここからは、日報を活用してPDCAをしっかり回していくことで中小零細事業者が売上を倍増させた実例を見ていきましょう。どのケースでも、数カ月で結果が出て、1年、2年と続けると、売上が倍増しています。これは、日報で過去（行動結果の記録）、現在（改善策を考える）、未来（計画・予定を立てる）を見える化して、経営者が予習・復習をできるようにしているからです。

　結局、売上が伸ばせるかどうかは、経営者のビジネススキルの高さにかかっています。競合する会社よりほんの少しでも上回るビジネススキルがあれば、企業は売上を伸ばすことができます。競合企業とのビジネススキルの差は、最初は微差でもいいんです。それを日報の活用とPDCAによって、微差を地道に積み上げていくことで、大きな強みに変わっていきます。

　売上が伸びるようになると、それまでのただ忙しいだけの毎日、同じことを繰り返す日々が一変して、経営が楽しくなってきます。そして何より、自分に自信がついていきます。

月商8万円の喫茶店をどう立て直すか？

まず紹介するのは、山口県萩市の喫茶俗塵庵サワモト（店主は木原史郎さん）です。

喫茶サワモトは、もともと高齢のお客さんが一人でふらっと訪れ、コーヒーを1杯注文して、のんびり新聞を読みながら時間をすごすというお店でした。地方都市らしくのどかでいいんですが、経営の立場から見るとそうは言っていられません。

当時の客単価は580円、月商は季節によっても変わりますが、少ないときで8万円くらいでした。店主の木原さんは、以前、東京でソフトウェア関連の会社に勤めていたサラリーマンです。もともとは祖父が喫茶店を経営していましたが、お亡くなりになったため、自分が店を引き継ごうと会社を辞めて、萩にやってきました。

店名の「俗塵庵」は祖父が名付けたもので、「俗世を離れたような人が集まる庵《いおり》」という意味が込められているそうで、その名を引き継ぎました。

私たちと出会ったのは2014年、木原さんが喫茶店を引き継いで半年ぐらいたった頃でした。

地域の若い世代をつなげる拠点にしたい

木原さんとお店の将来をどうするか、話し合いました。彼の希望は「店の売上を何とか伸ばしたい」でしたが、何から手を付けていいのかわからないとのことでした。率直なところ、現状のままでは、売上を伸ばすことは無理です。経営を根本から見直す必要がある、と感じました。そこで、木原さんとお店の基本コンセプトや存在意義から議論することにしました。

木原さんは、地元から若い人がどんどん離れていくことを嘆いていました。それは、萩市に若い人が集える場所があまりないからではないか。そんな話で盛り上がりました。話しているうちに、店の存在意義の輪郭がだんだんと浮かび上がってきました。

カフェこそ、若い人たちの集える場であり、地元のみならずいろんな地域の人たちをつなげることができるのではないか。そこで喫茶サワモトでは、基本コンセプトを「つなげる、つながる」に決めました。最初の頃は「友活（ともかつ）」というワードを使っていましたが、もう少し大きく捉えることにして、人と人だけでなく、人と地域、人と文化がつながる場所という意味を込めています。

このコンセプトをスタート地点として、経営をイチから見直すことにしました。

新たな顧客ターゲットは「20代から30代の女性」

若い人たちが集うカフェということでどんな顧客に来てほしいかを考えていくと、経営的には「20代から30代の女性」が最も来てほしいお客さんです。

20代から30代の女性であれば、一人で来ることは少ないし、飲み物のほかにケーキなどのスイーツを注文してくれる可能性が高く、客単価が上がるはずです。また、お店を気に入ってくれれば、ツイッターやインスタグラムなどのSNSで拡散してくれ、客が客を呼ぶ好循環をつくりだせる可能性も高い。

木原さんとは、顧客ターゲットを一気に変えるという話で盛り上がりました。もともと売上が低かったこともあり、失うものはありません。そこで、木原さんと私たちは、大胆にも顧客層を「男性中心の高齢者」から「20代から30代の女性」へと一気に変える作戦を考え、実行することにしました。

二つの基本戦略

――インスタによる情報拡散とメニュー見直し・開発

私たちが考えた戦略は大きく分けて二つあります。一つはSNSを使った店の情報の拡散、もう一つはメニューの見直しと開発です。

顧客ターゲットを20代から30代の女性に定めたのはいいのですが、実を言うと、顧客ターゲットに合う女性をお店の近隣から呼ぶのは現実的ではありませんでした。そもそも萩市の在住者に若い女性があまりいないということです。

萩市というのは、関東地方で言えば鎌倉のような歴史が感じられる街で、山口市などから車に乗って日帰りで観光する人が多い場所です。お店の外観は蔵のような趣のある木造建築なのですが、目立つ看板などを出していないので一見するとお店かどうかわかりにくい印象がありました。ただ、店は観光名所の一つである萩城から徒歩10分ほど、夏は海水浴客でにぎわう菊が浜海岸からは徒歩1分の好立地です。

地元の若い人にも、もちろんお店に来てほしいのですが、経営的には、山口市や県外から車で観光にやってくる若い女性たちをいかに増やしていけるかが課題でした。

そうした人たちにお店をピーアールするには、私たちの経験上、インスタグラムが最も合っています。

実はそれまでにも、木原さんが独自にインスタグラムで写真を投稿していました。けれどもそれを見ると、お店の周りの風景だったり、花の写真だったりと、当たり障りのないものばかりでした。

「インスタ映え」という言葉があるように、インスタグラムではインパクトがあって、思わず友人たちに「こんな面白い写真があるよ」と拡散したくなるような絵柄の写真を投稿することが欠かせません。そうした強力な伝染力を持つ写真をどうしたら投稿できるか。それには何らかの仕掛けが必要です。

喫茶サワモトに関しては、ここが一つのキーポイントになりました。どんな対策をとったかについては、のちほど紹介します。

女性客と客単価向上狙い「十人十色のパンケーキ」開発

というのも、SNSを使って仮に話題になったとしても、実際に店を訪れたお客

さんに対して満足のいく商品やサービスを提供できていないとリピートしてもらえず、せっかくの集客がむだになってしまいます。

　そこで取り組んだのがメニューの見直しと開発です。

　若い女性を呼ぶこと、そして客単価を上げること。これらを満たすには、従来のようにコーヒーを1杯注文して終わりではなく、名物となるようなスイーツのメニューが絶対に必要です。

　ただし、店主の木原さんは脱サラですので、パティシエがつくるような凝ったメニューを求めるのは非現実的です。

また、ケーキなどを仕入れて出すのも普

通すぎて、他店との差別化にはつながりません。「どこにでもあるカフェをつくりたくない」という思いが、木原さんにも私たちにもありました。

そこで、今どんなスイーツがはやっているのか、ネットや東京・福岡などでスイーツ店をめぐって情報をかき集めました。そこから、素人でも比較的簡単につくれるパンケーキがいいのではないか、という案が浮上しました。

萩市内でパンケーキを出しているカフェは当時ありませんでした。

その後、木原さんは、パンケーキを出しているスイーツ店を探し、食べ歩いて研究しました。パンケーキは、上に生クリームやアイスクリーム、フルーツなどをトッピングすることによって、バリエーションを何種類もつくれることや、1000円以上の比較的高い値付けが可能であることがわかりました。

さらに、お客さんに合わせてオリジナルのパンケーキを1日10個に限定して提供するというアイデアも生まれました。

名付けて「十人十色のパンケーキ」です。

お客さんの見た目の印象、着ている洋服や靴の色、バッグや身につけているアクセサリーなどから、木原さんがお客さんをイメージしてトッピングなどに工夫を凝らして「世界でひとつだけのパンケーキ」をつくるというアイデアです。

バリエーションの参考にしたのは、ご飯やおかずを使ってキャラクターなどを描く「キャラ弁当」で、サンプル例はネットなどで多数紹介されています。

どうですか。それを聞いただけで、お店に行きたくなりませんか。

その後、同じコンセプトで夏期を中心に「十人十色のかき氷」の提供も始めました。「十人十色のかき氷」では、地元の萩焼の器を10種類ほど用意し、お客さんに自分で選んでもらうようにしました。

こうしたさまざまなネタを仕込んで、お店の情報拡散の準備を整えました。

再びSNSの話に戻します。

いいアイデアはパクる!

インスタグラムで話題になるには、何らかのインパクトが必須です。でも、それを考え出すのは簡単なことではありません。

では、どうするか。

パクります。

言葉はあまりよくないですが、成功している実例を取り入れるのが、最も安価で確実なやり方です。これは中小零細企業だけに許されるやり方かもしれません。大手がこれをやると、影響力が大きいので非難されるでしょう。

自分で考えつかない場合はパクればいい。

こういうふうに考えると、肩の力が抜けてとても楽になります。今はネット上にいくらでも情報があるので、成功例を探すのは簡単です。

木原さんも私たちも、お店でインスタグラムを活用した話題づくりに成功している事例を探しました。すると、となりの市で、店の前で若い女性がジャンプをして、空中に浮いた瞬間を写真に撮って投稿するのがちょっとしたブームになっていることを知りました。

それを聞いて、喫茶サワモトに来た女性客やカップルが店の前で手をつないでジャンプしてくれたら、自分たちが店のコンセプトにした「つながる、つなげる」を表現できるのではないかと思い、まねしてみることにしました。

「サワモト・ジャンプ」誕生

　その店は仏具店でした。同じ県内なので無断でまねをするのはどうかと思い、その店の店主の方を訪ねて、「うちでもまねさせてください」とあいさつに行ったところ、「許可なんかいりません。うちもどこかで見た写真をまねしましたから」との答えでした。

　その結果、誕生したのが「サワモト・ジャンプ」です。来店客の方に手をつないでもらって、店の前でジャンプしてもらい、その様子を店主の木原さんが写真に撮り、お店のインスタグラムのページに載せる、というものです。

　お店の基本コンセプトの「つながる、つなげる」を体現したこの写真を撮る際には、人と手をつないでいないほうの手も横に差し出してもらうようにしました。これは次にジャンプをする人の手とつながるように、という意味が込められています（すべての写真をつなぎ合わせられる、という設計でした）。

ただし、問題はお客さんが自発的にジャンプしてくれるかどうか。そこにすべてがかかっています。

どうやって「サワモト・ジャンプ」を広めるか？

最初は、女性客が来たら口頭でお願いしました。でも、「へえー、面白そうですね」と言ってくれるだけで、誰もやってくれません。

そこで、第一号はサクラを仕込むことにしました。つまり、知り合いの2人の女性に頼んで、店の前でジャンプしてもらい、それをインスタグラムに投稿することにしたのです。それをＰＯＰにして店内3カ所とレジの横に置きました。

ただ、お客さんはなかなか反応してくれません。ジャンプの2組目も、店主が知人の女性とジャンプして写真を撮って投稿しました。

お客さんがジャンプしてくれるようになったのは、最初のサクラのジャンプから1カ月くらいたった頃でした。

ジャンプをお客さんに浸透させるためには、トライ・アンド・エラーの連続でしたが、そこで成果を出すのにPDCA日報が大いに役に立ちました。それについては後半で詳しく紹介します。

若い女性客のインスタグラムによる拡散効果は絶大でした。

インスタグラムで「サワモト・ジャンプ」の投稿を始めてから3～4カ月後には、なんと来店客の8割から9割が女性客になり、週末の1日だけで当初の月商8万円を上回るようになりました。

コラボで有名人のリソースを活用する

若い人たちの交流拠点にしていくために、インスタグラム以外にも、お店でイベントを企画しました。

若い女性に来てもらいたいと思っていても、当初、こちらには手がかりすらありませんでした。自分たちでゼロから開拓していくのは相当な労力と資金が必要です。ならば、すでに若い女性をたくさんお客に持っている人とコラボレーションすればいいのではないかと発想しました。すべてを自前でやる必要はありません。特に、資金や人材のリソースに乏しい中小零細企業は、すでにリソースを持っているほかの企業や人と組むことを考えるべきでしょう。

そこで目をつけたのがある料理研究家の方です。その方は有機野菜を使ったヘルシーな料理をつくることで山口県内では知られていて、あちこちで料理イベントを開催されていました。イベントには、多くの女性客が集まります。

この方にお願いして、お店でヘルシーなランチを期間限定で出していただくことにしました。

喫茶サワモトではご飯を出していなかったので、ちょうどいいと思いました。この料理研究家の方が、ご自身のSNSなどでランチの提供を告知してくれたので、多くの若い女性客が店を訪れてくれました。

つまり、若い女性への知名度のある人の力を利用して、こちらの認知度を高めるという作戦でした。20代の女性客のリストを持っていないのならば、持っている人とコラボレーションすればいいわけです。

顧客参加型イベントを月1回開催

さらに、月に1回くらいのペースで、お客さんに参加してもらうイベントも企画しました。

月末の最終土曜日、18時～21時を使って、シーズンに合わせたイベントを開催しました。夏なら花火大会を見にいく、かき氷を一緒につくる、そば打ち体験。10月末はハロウィンパーティー。もちろん、パンケーキづくり教室もやりました。

イベント企画のネタは、ネットで見つけました。これもパクリといえばパクリです。

店内でイベントの告知をするだけでなく、市内の飲食店やホテルなどにビラを置かせてもらい、地元のコミュニティー雑誌などでも告知して参加者を募りました。企画の内容にもよりますが、だいたい10人前後の参加があり、地元のケーブルテレビからの取材もありました。

PDCAをどう回していったのか

これらの施策によって、高齢の客がのんびりとコーヒーを飲む月商8万円の喫茶店が、日報導入後、たった1年半で、若い女性客でにぎわう月商50万円のスイーツカフェに生まれ変わりました。

この事例のようにもともとの売上が小さければ、1年で売上を5倍以上にすることは十分に可能です。ただし、店のビジョンやコンセプトを固め、情報収集したうえでやるべきことのプランを練り上げ、それらをスケジュールに組み込んで確実に実行し、結果を振り返り、改善していくというPDCAサイクルをしっかり回していくことが欠かせません。

ここまで喫茶サワモトで、売上を倍増させるためにどんな対策を打ってきたのかを述べてきましたが、ここからはPDCA日報をどう活用していったのかという観点で、もう一度振り返ってみましょう。

そもそも経営改革の目的は、「売上の倍増（客数と客単価のアップ）」でした。売上を倍増させるには「来店客を高齢者から若い女性に変える」必要があります。

「若い女性客で賑わう店にする」が当面のビジョン（なりたい姿）になります。

次に考えなくてはならないのは、ビジョンを達成するための戦略、戦術です。ここからがPDCAのP（計画）になります（実際には、それまでやっていたことを振り返りつつ（C）、改善策を考え（A）、計画に取り入れることもあるので、CとAが先になることもよくあります）。

サワモトで計画した具体的な対策（主なもの）を列挙します。

（1）インスタグラムによる情報拡散

（2）メニューの見直しと開発

（3）女性客リストを持つ人や会社とのコラボレーション

（4）顧客参加型イベントの企画

「（1）インスタグラムによる情報拡散」についてどうやってPDCAに落とし込んでいったのかを見ていきましょう。

集客はツイッターやフェイスブックよりインスタグラム

この事例の場合は、もともと店主がインスタグラムやフェイスブックに投稿していたので、まずC（振り返り）から始めました。

実は、私たちがコンサルティングをしている別の店（花の販売）でもSNSで女性客を集客した経験がありました。そこでわかったのは、女性客を集めるには、ツイッターやフェイスブックよりもインスタグラムのほうが効果があるということでした。同じような仕掛けをしても、明らかにインスタグラムのほうが効果があります。三つ同時に活用してもいいですが、一つだけ選ぶのだったらインスタグラムです。

さらに、投稿する内容についても、目についたものを片っ端から写真に撮って載せるのではなく、お客さんの写真、店の外観・入り口や内部の様子、商品（食べ物）を載せると反応がいいことが多い。

若い女性客の集客をめざすのであれば、若い女性が楽しそうにしている写真の投稿が欠かせません。先にも述べましたが、それまで店主がアップしていたのは、店の周りの風景や咲いているお花の写真などでした。それを、お客さんの写真、店の外観・

入り口や内部の様子、商品（食べ物）に変えていく。これが新たな方針として決まりました。PDCAで言えば、A（改善）の内容が固まったわけです。

P（計画）に関しては、店主が自ら投稿する（必ず1日に1回以上投稿すると決め、投稿する時間を日報の予定に書き込みました）だけでなく、お客さんに「サワモト・ジャンプ」を促す必要があります。

やることを決めたらすぐ予定表に書き込む

先述の通り、女性客集客の原動力になったのが、店の前で手をつないでジャンプした写真をインスタグラムに投稿する「サワモト・ジャンプ」が広まったことでした。日報を始めて1年後には、新規の女性客のうちインスタでお店のことを知って来店したという人が大半を占めるようになりました。

もちろん当初は、これがウケると確信があったわけではなく、しかも、最初は誰も飛んでくれず、サクラを頼んだり、店主自ら知人と飛んで写真を投稿したりと、なかなか定着しませんでした。

お客さんにジャンプを促すには、文字だけではなく、実際に写真で見せて視覚に訴えることが欠かせません。そこで、サクラの女性2人で飛んでもらった写真を使ってPOPをつくり、店内に置くことにしました。

こうした新しいサービスや試みをするときには、準備すべきことを具体的に書き出し、それを日報の予定に組み込んでいきます。頭で思い描いているだけだと、すぐに忘れたり、実行が遅くなったり、やるべきことが中途半端になったりします。

やることを決めたらすぐに日報の予定（月間）に書き込む。あとで書こうと思わず、日報を持ち歩き、すぐに書き込む。これを習慣にしてください。そこからPDCAが回り始めます。

このケースでは

（1）「サワモト・ジャンプ」の呼びかけをいつから始めるか
（2）店内に置く「お知らせ」のPOPの文言をいつまでに考えるか
（3）「お知らせ」のPOPを何個、いつまでに、誰が、いくらでつくるか、

などを考えて、月間スケジュールや日報の予定に書き込んでいきます。

この事例の場合、店主の木原さんと私たちが一緒になってPOPの文言を考え、

ＰＯＰの製作も外注するのではなく、１００円ショップで材料を仕入れて手づくりしようと当初から考えていました。方策を決めてから実行に移すまで3日間と定めましたが、予定通りスタートできました。

メニューの見直しや開発、外部の人とのコラボに関しても、同じように、まず準備すべきことを列挙し、誰が、いつまでに、何をするか、スケジュールに落とし込み、実行に移し、その結果を振り返り、修正したり（あるいはやめたり）します。

毎日お客さんの反応を確認し、日報でやり方を修正

当初、店内にＰＯＰを3カ所置いて、お客さんが会計する時に、店主がレジ横のＰＯＰを使って、「お店の前で手をつないでジャンプして撮った写真をインスタグラムに載せているんですけど、やってみませんか」と直接、お客さんに話しかけたりしました。けれども、お客さんの反応は薄い。どうしたら、「サワモト・ジャンプ」を浸透させることができるのだろうかと、木原さんは閉店後、日報を前に、毎日、お客さんの反応を振り返っているうちに、いろんなことに気づくようになりました。

たとえば、店内にＰＯＰを置いているけれど、お客さんはそれになかなか気づかない。店を去る直前、つまり会計時にレジ横にあるＰＯＰを見て初めて「サワモト・ジャンプ」の存在を知る人が多いので、会計時に声をかけても、心の準備ができていない可能性があります。

そこで、メニューブックでも、写真付きで「サワモト・ジャンプ」を呼びかけることにしました。メニューブックに「つながる、つなげる」のコンセプトとともに「サワモト・ジャンプ」の説明を載せておけば、注文した商品が来るまで、それを見て、実際にインスタグラムのページにアクセスする確率が高まります。つまり、自分がジャンプをして写真に映る姿をイメージしやすくなるわけです。

その上で、会計時に店主が「ぜひジャンプしてみませんか」と一言添えると、実行してもらえる確率がさらに上がります。

日報には、毎日、木原さんのインスタグラムの投稿にどれだけ「いいね」がついたかを記録します。また、来店動機に関しても、店主がお客さんと雑談しながら、インスタグラムがきっかけだったかどうかを確認して、日報に書き込みました。

毎日、日報にジャンプの件数を記録していると、不思議なもので、件数を伸ばすい

喫茶サワモトの木原さんの日報

2017年　8月　2日　日 曜日　周辺行事　天気 晴れ

今日のテーマ

	今日の予定	属性・人数	お客様は何を言ったのか
朝	開店		①かき氷
10:00		20代 2	→十人十色が人気 →萩焼きの器がみんなに好評
11:00		20代 3 20代 2	②ジャンプ →今日もゼロだった…
12:00		30代 2 ファミリー 2	
13:00		20代 2 30代 3 ファミリー 3	
14:00		20代 2	
15:00		20代 3 ファミリー 4	
16:00		30代 3	
17:00		30代 2	
閉店後	閉店		

TODOリスト（今日）

- □ トモカツ準備
- □ ○○さんにデザイン発注
- □ 氷20玉準備
- □
- □
- □
- □
- □

TODOリスト、アイデア（中長期）

- □ 9月イベントのポスター制作
- □
- □

1 注文商品を増やすために
メニューをストーリー化する

2 客単価を上げるために
かき氷ダブル

3 入店率を上げるために
サワモトジャンプのルーティーン化

4 来店間隔を短くするために
毎月新メニューを1品投入
→できていない

5 来店回数を増やすために
トモカツの企画内容を魅力的にする

6 新規客を増やすために
トモカツペアチケットをつくる

ジャンプ、つなげる、つながる

お客様との会話	
なぜ、お客様はそんなことを言ったのか	ジャンプをすすめたがOKをもらえなかった。イメージがわかなかったのか？ いいね0件

SNS＝プランニング≠広告	新商品名／新規イベント	新サービス
イメージ写真を載せる	トモカツでもすすめてみる	メニューブックにサワモトジャンプの説明を載せる

20〜30代女性客入店データ

	客数	客単価	リピート	同伴人数	滞在時間	きっかけ	ルール化
撤退ライン	5	480		一人	―	インスタが多い	毎日画像アップする
目標							
現状	15	1340		2人組多い	60分		

コーヒー／メニュー説明文

ブレンド（400円）	エスプレッソ（450円）	恋コーヒー（500円）	MEMO
		1番人気 女性に人気	恋コーヒーはストーリーをつけて成功。他のメニューにもストーリーをつけたらどうか？

※実際の日報をもとに一部編集して作成

い方法は何かないかと無意識のうちに「サーチモード」に入っていきます。結構、いろんなことを試しました。安易なアイデアですが、「ジャンプをしてくれたら、飲み物のおかわりサービス」というのもやりましたが、「サワモト・ジャンプ」が1カ月くらいで定着したので、「おかわりサービス」はすぐにやめました。

月1回のイベントも、集客に大きく貢献しました。このイベントは、利益を出すのが目的ではなく、お店の基本コンセプトである若者の地域交流、つまり「つなげる、つながる」を体現することが主目的でした。

イベントに来るのは、お店に対して何らかのポジティブな感情を持っている人たちです。ですから、こういう人たちに「サワモト・ジャンプを広めたいんですよ」と話をすると、大半の方が実行してくれました。

ランチ進出は3カ月で撤退

ここまで、成功した話ばかり紹介してきましたが、もちろん失敗した試みもたくさんあります。たとえば、パンケーキが軌道に乗ったあと、ランチにカレーやピラフや焼きそばを出すことにしました。店の営業時間は午前10時からでしたが、ドリンクとパンケーキしか出していなかったので、昼食を出すのは自然の流れのように思えます。お客さんから「昼食を出してほしい」との要望もたびたびあり、それに応える形で始めました。客単価アップも見込めるし、ニーズもあるし、正しい戦略のように思えましたが、結果は大失敗でした。

この店は店主一人で切り盛りしていたので、昼食を出し始めると手が回らなくなり、パンケーキの質も落ちるようになったのです。また、ランチの売上も、仕込みや調理に労力をかけた割には、思ったほど伸びませんでした。

この店の生命線は、パンケーキです。昼食で出しているようなカレーやピラフは他店でも食べられます。そこで、ランチの提供は3カ月でやめました。また、営業時間も、午後1時からに変更しました。この変更により、カフェであることがより明確になりました。

このようにトライした施策は、毎日日報でチェックし、振り返ります。そして、問題点を見つけて改善したり、どうしても改善できない場合にはやめたりします。

ランチをやめる決断をできたのは、店主が毎日、日報で1日の行動と結果を振り返り、ランチの提供が最も大切なパンケーキの提供に悪影響を及ぼし、どうにも改善できないと感じるようになったからです。

東京進出を計画中

すべては書き切れないですが、こうした経営改革の結果、パンケーキのカフェとして喫茶サワモトは、萩市での知名度が大きく上がり、観光ガイド本でも紹介されるようになりました。私たちにとっても喫茶サワモトは、高齢者の客層を若い女性客に全面的に変えることができたという点で、非常に印象的な成功事例です。

残念ながら、サワモトは2018年11月末に惜しまれながら閉店しました。実は、店主の木原さんは東京でのカフェ出店を計画しており、現在、出店の準備を進めているところです。日報活用でつかんだ山口での成功体験を東京でどう生かせるか、とても楽しみです。

ケーススタディー ❷

フラワー46（生花ネット販売）

ニッチ市場で売上日本一のネットショップに成長

PDCA日報でこう変わった！

〔月商 96 万円〕

自分が乗らないと
仕事がはかどらない

↓ ＼4年で7倍！／

〔月商 674 万円〕

計画的、戦略的に
行動できるようになった

フラワー46は、2003年頃から楽天市場で「花うるる（もともとは「元気彩園」という店名）」というフラワーショップを運営しています。このオンラインショップでは、「ハンギングバスケット」と呼ばれる花の寄せ植えを中心に販売し、この分野で日本一の売上を誇っています。

社長の本間史朗さんは、父親の病気をきっかけに大学を中退して、父親が経営している肥料販売会社を手伝うために入社しました。創業は明治時代（1880年）の老舗で、近隣の農家などに肥料を販売していましたが、農家の減少とともに売上が低迷し、事業の中心を肥料販売からハンギングバスケットの制作・販売にシフトしようとしていた時期でした。

旧友との再会

ハンギングバスケットは、季節の花を数種類、鉢に寄せ植えして、壁やスタンドに引っかけて楽しむもので、切り花と違って長く楽しめるのが魅力です。本間さんも、もともと手を動かして作業することが好きだったので、父親に教えてもらいながら、

旬の花を寄せ植えしたハンギングバスケット

制作のノウハウを身につけていきました。ハンギングバスケットは、鉢に肥料入りの土を入れて花を寄せ植えするので、もともとの本業ともつながりがあります。

2003年から、楽天市場にオンラインショップを出店してハンギングバスケットの販売を始め、比較的順調なスタートを切ったのですが、当時の本業だった肥料販売の落ち込みが激しく、経営的に苦しい状況でした。

私が本間さんと出会ったのは2011年の9月。その頃、借金が4000万円ほどに膨れ上がり、本間さんは、返済のことで精神的に追い詰められていました。

実は、本間さんは高校1年の時の私のクラスメイトです。ただ、その後の交流はなく、私が

2011年に出版した書籍を読んで、連絡をくれました。

本間さんに会い、少し話を聞いて、「借金の重圧と日々の忙しさで、自分がやりたいと思っていることがまったくできていないな」と感じました。

本間さんに限らず、多くの中小零細事業者の方は、同じような状況にあるのではないかと思います。だからこそ、自分の考えや思いを具体化して、スケジュールに落とし込むことができるPDCA日報が効果を発揮します。

本間さんと日報添削の契約をして、ともに経営改革に取り組むことになりました。

やりたいことを「予約」する

本間さんは、商品であるハンギングバスケットの企画・制作から、プロモーションまですべて一人で行うプレイングマネジャーです。借金のせいで気持ちが落ち込むと、特にプロモーションがおろそかになりがちでした。

ハンギングバスケットの販売を始めて8年たっていたので、一定数の既存顧客がいました。売上拡大を考えるとき、真っ先に取り組むべきは、既存顧客のリピート回数の増加と購入総額や購入単価の引き上げでした。

オンライン販売なので、プロモーションの鍵となるのは、既存顧客に配信するメールマガジンです。その頻度の高さが売上に直結しますが、当時は月に1回程度しか打てていませんでした。

本間さん自身も、メルマガの頻度を増やしたいと当然思っていましたが、忙しくてできなかった。いや、できないと思い込んでいました。

時間は自分でつくりだすものです。自分の日報の年間計画、月間計画の中に、やりたいことをどんどん「予約」していくのです。

本間さんの場合、毎週末にメルマガを配信しようと考えていました。商品が売れるのは週末なので、顧客には土曜日の夜中に届くようにしたいわけです。水曜と木曜が苗の仕入れ日なので、そこからスケジュールを割り出すと、木曜と金曜にハンギングバスケットを制作し、金曜と土曜に商品の写真撮影と商品販売ページの原稿を用意し、土曜の夜にデータをサーバーにアップする必要があります。

花は季節商品であり、その月のイベント（たとえば母の日や父の日、敬老の日、クリスマス、正月など）によって、売れ筋の商品も変わってきます。

フラワー46の本間史朗さんの日報

2014年　9月　30日　金 曜日

元気の出る一言：自分の仕事でたくさんの人が幸せになる！

スローガン

先倒し！　追いつく！

今日の予定		結果
7:00		
8:00		
9:00	↕	
10:00	日報記入	
11:00	メール確認	
12:00	昼食	
13:00	↕ 新作の生産	
14:00		
15:00	↕ 発送	
16:00		
17:00	↕ 新作の	
18:00	発売準備	
19:00		
20:00		
21:00		
22:00		
23:00		

TODOリスト

	期限	進捗度	予想時間	実施時間	累計時間
10〜12月の予定作成	10/1	40%	5	2	2
年間スケジュール作成	10/12	10%	5	1	1
注文済み作品の制作	10/3	90%			
ブログ・ツイッター・FB	10月中	0%	5	0	0
プロフィール作成	10月中	0%	5	0	0

やることチェックリスト

- ☐ 苗（野菜）　☐ プリザーブドフラワー広告を出す
- ☐ 種・球根　☐ 配送注意書き作り直し
- ☐ フェイスブック確認　☐ Photoshopの入れ替え
- ☐ プリザ商品（敬老の日向け）差し替え
- ☐ FAXスキャンのやり方を調べる

今月の目標と実績

	実店舗	ネット通販
今日の実売目標	円	円
今月の実売目標	円	円
今日の実績	1万4612 円	9280 円
今日までの実売売上	35万3735 円	157万5804 円

お客様名	年齢	商品名	金額（円）
○○○様	35	ヒューケラ（HB）	6170
○○○様	?	パンジー&ビオラ（HB）	8613
○○○様	?	セロリ（苗）	1970
○○○様	?	サンプル（資）	200
○○○様	39	液肥2ケ（資）	2160

お客様名	年齢	商品名	金額（円）
○○○様	44	HB作成キット（資）	2454

気づき・強く思ったこと

・ベジタブルハンギングをつくってみたがいい感じ。明日価格設定する。
・敷居の低いシンプル系ハンギング（低価格）と常連コア客用のアレンジ系ハンギングをつくってみる。

反省・改善点

ターゲット層のライフスタイルの精査が急務。知り合いの高級ブティックが、おそらく客層が同じだと思うので、話を聞いてみよう。

※実際の日報をもとに一部編集して作成

過去の販売データを活用する

基本原則は、前年と同じ時期に売れた商品をメルマガでプッシュすることです。ただ、まるきり同じだと新鮮みがないので、毎週一つ、新作を出すのが理想でした。

メルマガでは、プッシュする商品を四つくらい選び、その商品写真を販売ページにアップしてコピーや商品案内の説明文を書き、さらにメルマガの文章を書いてプッシュする商品の販売ページのリンクを貼り付けます。

オンライン販売での強みは、前年の販売データを活用できることです。そこで前年の同時期の販売実績を調べ、転換率（サイトにアクセスした客のうち購入者の比率）の高い上位5商品をそれぞれピックアップしました。

転換率の高い商品は売上の主力となる「エース商品」です。なので必ずメルマガに掲載し、最後に「お買い忘れはございませんか？」と再度念を押しておきます。一方、アクセス数は多いけれど転換率がもう一歩の商品は、個別にその原因を考える必要があります。たとえば、贈答用か自分用か商品のコンセプトが曖昧で転換率が上がっていないと考えられる場合には、コピーや説明文でそれをはっきりさせます。

結果が出ると自信につながる

日々忙しいと、行動がどうしても場当たり的になりますが、毎日、その日に何をするのかを決めて、昼間に行動内容を書き、夜に1日を振り返ることを繰り返していると、確実に行動が変化していきます。

実は、本間さんの場合、日報に予定を書き入れ始めても、最初の3カ月くらいはメルマガを月4回出すことができず、月2～3回にとどまっていました。それでも、もともとは月1回だったので、販促効果は2～3倍になったわけです。

季節によっても異なるのですが、当時の売上は平日で1万～2万円、週末で3万～4万円くらいでしたが、メルマガを出すとその当日と翌日は1日10万～20万円になります。ですから、メルマガの配信回数を増やせば、売上は大幅に上がります。

誰でも、自分の努力が結果になって表れるとうれしいものですし、自信にもなり、モチベーションが上がります。3カ月後には、計画通りに月4回メルマガを配信できるようになりました。

「過去の日報があるから、回数が増えていることがわかり、自分の成長に気づけた。

やればできるんじゃないのかと自信がついた」と本間さんは振り返ります。

メルマガを配信していると、たまに配信直後の売上が1日40万円に跳ね上がることがあります。そうした場合には、なぜ、売上が跳ねたのかを自分なりに分析します。商品がよかったのか、それとも売り文句（コピー）がよかったのか。こうした分析が非常に重要です。よかったことはルール化して、再現できるようにしておきます。

作業の効率化で時間捻出

本間さんの場合、商品の企画・生産から発送、プロモーションまですべてを一人で手がけていたので、売上が伸びると生産にかかる時間が増えてさらに忙しくなりました。生産を手伝ってもらうためパートさんを雇いましたが、メルマガの配信回数を増やして売上が上がってくると、本間さんの負担は増えるばかりでした。

そこで私たちが取り組んだのは、最も多くの時間を占めているハンギングバスケットの生産作業を効率化し、時間を捻出することでした。

まず、1個の寄せ植えをつくるのにどんな作業が必要かを三つに分解して考えました。（1）土づくり（肥料と土を混ぜる）、（2）鉢に土を入れる、（3）植物を鉢に植える。こうして考えると、1と2は誰でもできます。ここを家族やパートさんに手伝ってもらえば、本間さんの時間が捻出できます。

また、生産に使う作業用テーブルも、最も作業しやすい高さにそろえ、作業に使うスコップやはさみの置き場の位置、鉢や土などの配置なども、手に取りやすい場所に引っかけたり置いたりすることにこだわりました。

月商が300万円くらいになってくると、月に平均420個、年に5000個くらい生産します。なので、1個当たりの生産が1分短縮できれば、月に420分（7時間）、年に84時間も時間を捻出できます。この効率化は、パートさんの作業時間短縮にも大いに役立ちました。

販売ページをリニューアル

メルマガ配信回数の増加で月商100万円から300万円に伸び、さらに日報による計画的な行動や振り返り、そして作業の効率化によって時間のやり繰りが少しずつできるようになりました。

次に取り組んだのは、オンラインショップの商品販売ページのリニューアルでした。それまでは、本間さんが自分でページのデザインをしていましたが、プロのデザイナーに、店のロゴやページ全体の基本デザインを依頼することにしました。コストは100万円くらいかかりましたが、やはりプロの仕事は質が違います。

さらに、本間さん自身も、商品販売ページに載せる商品の説明文やコピー（売り文句）を見直すことにしました。当時、オンラインショップの商品アイテム数は220点ほどあり、一気にリニューアルすることはできません。そこで、アクセス数の多い上位5商品から手直ししていくことに決めました。

リピート向上対策で段ボールにロゴ

このほかにも、ハンギングバスケットを梱包して送る段ボールをリニューアルしました。ネット販売を手がけている大手企業であれば、段ボールに企業名やブランド名のロゴを入れるのは当たり前ですが、中小零細企業の場合、そこまで手が回っていないケースがたくさんあります。

また、段ボール箱の内部には、鉢を安定させるための切れ込みを入れていますが、その切れ込みの形も、お店のロゴマークの形にして印象づけるようにしました。

さらに、季節やイベントに合わせてさまざまな商品パンフレットを同梱しました。こうしたパンフレットは「どうせ捨てられるんだから、入れるだけムダ」と考えている人も多いのですが、それは誤った考えです。

商品を買った人が段ボールを開ける瞬間というのは、リピートを促す絶好の機会です。買った商品とまったく関係のない情報のパンフレットが同梱されていたら不快に思う人がいるかもしれませんが、買った商品に関連するお知らせであれば「必要な情報」として欲しがる人も少なくありません。

さらに、オンラインショップの販売では、購入者のレビューが非常に重要です。初めてのお客さんは実際に商品を見ることができないので、その店が信用できるかどうかを、他の購入者のレビューの多さや評価値を見て判断します。そこで、レビュー数を増やすために、「レビューを投稿した方にハンギングバスケット用の肥料をプレゼント」といったキャンペーンも始めました。

伝わる広告のつくり方

商品に同梱するチラシについても、せっかくならこちらが言いたいことが、より伝わる内容にしたいですよね。

伝わる広告にするには、左ページに示した六つのポイントがあります。いずれも基本的なことですが、中小零細規模ではちゃんとできていない企業が意外に多いと感じます。

このポイントを踏まえて、たとえば敬老の日のプレゼントにハンギングバスケットを勧めることを目的としたチラシを考えてみましょう。メインのコピーは「ひと味違

伝わる広告の六つのポイント

1 ターゲット（誰に）
2 メッセージ（何を伝えたいか）
3 アクション（どんな行動をとってほしいのか）
4 購入者の声の紹介
5 お客様が知らないことを教えてあげる
6 個を出す

う敬老の日のギフトをお探しの方へ」（**「誰に」**に当たります）となり、そこに売りたい商品の写真を出し、その下に「累計○○個販売！」（**「何を伝えたいか」**に当たります）と人気商品であることを伝え、「ここから今すぐ予約！」（**「どんな行動をとってほしいのか」**に当たります）とウェブのアドレスや電話番号を載せます。

さらに、**（4）購入者の声の紹介**、**（5）お客様が知らないことを教えてあげる**（たとえばハンギングバスケットを長持ちさせる方法など）、**（6）個を出す**（本間さんが個人的なこだわりを語るなど）を付加していくと、より伝わる広告になっていきます。

私たちはこの六つのポイントを意識して、同梱チラシを制作しました。

過労で体を壊し入院

そのほかにも日報を使ってさまざまな経営のチューニングを行い、2015年には月商が600万円を超える月が出るようになりました（同年4月には、月商674万円を達成）。そうなると、作業を効率化し、家族やスポット的にパートさんの手伝いもあるとはいえ、本間さんに大きな負担がかかりました。

売上が増えて忙しくなると休日を返上し、睡眠時間を削り、必死に対応していたのですが、疲労が蓄積してついに体を壊し（肺に穴が空いた）、1週間、入院することになりました。

入院は100パーセントよくないことですが、いいこともありました。それは、臨時ではなく常勤でパート社員を雇う踏ん切りがついたことです。日報の予定にも「パート社員の採用」と書き込み、実際に2人を採用しました。

メルマガの送付も、ホームページのリニューアルも、人の採用も、やらなきゃいけないと思っていて後回しになっていたことが、PDCA日報を活用すると実際にできるようになります。他の多くの経営者も、忙しい日々の中であれをやらなきゃ、これをやらなきゃと思っても、忘れたり、後回しにしたりしている人が多いはずです。たとえば、そのうちの2割を実行できただけでも売上は確実に上がっていきます。

借金4000万円の重荷をどうするか？

本間さんと出会った当初、4000万円の借金がありました。借入先は、地元の銀行や信用金庫などで、さらに本間さんが自分や家族名義のカードローンで借りたお金も会社の資金繰りに投入するほどの危機的状況でした。そのため頻繁に借金返済の督促の電話がかかってきて、経営に集中できる状態ではありませんでした。

結局、2016年に会社を清算し、新たに自分の会社、フラワー46を設立し、売上が伸びていたハンギングバスケット事業などを新会社で続けることにしました。

新会社にすることで旧会社の借金は消えました。ただ、それまでの5年間は、何とか返済しようとしていたので、毎日、借金返済の重圧に苦しんでいるようでした。

そこでアドバイスしたのは、月次採算表をつくることでした。今、会社にどれだけ現金があるか、借入先はどこで借入額はいくらか、今後の返済予定をどうするか、などをまとめた表（資金繰り表）です。

借金の多い人はネガティブになりがちです。返済をどうするか、延々ともやもや考え続けてしまいます。ハンギングバスケットの生産で手を動かしているときは気が紛れていいのですが、販売促進などで頭を使う時になると、途端に借金返済の不安が頭をもたげてきて集中できなくなってしまいます。そこで、私は本間さんに「月に4日だけ資金繰りについて時間をとってください。それも2時間ずつ。月に8時間以上、資金繰りのことを考えないでください」とアドバイスしました。

社長がプレイングマネジャーの場合、時間配分はとても大切です。本間さんの場合、仕事は「生産」「仕入れ」「販促」の三種類に分類でき、ヒアリングをすると、それぞれに使っている時間の割合は、おおよそ8・5対1対0・5でした。

売上を伸ばすには「販促」の時間を増やすことが不可欠です。そこで「生産」「仕入れ」「販促」に費やす時間を、7対1対2にするように助言しました。PDCA日報を活用すれば、「生産」「仕入れ」「販促」にどれだけ時間を使ったかを簡単に集計できるので、7対1対2にするという基準を設けておけば、「今週は販促に充てる時間が少なかったな」と気づくことができます。

その後、本間さんは毎日午前10時～12時までを「クリエイティブ・タイム」と名付けて、販促計画など頭を使う時間に決めて実践しました。

「日報を始める前は、資金繰りに追われて夢も希望もない、ため息交じりの毎日でした。でも、今は家族の表情がみんな明るくなりました」と本間さんは振り返ります。

目標数値の達成度が徐々に正確になっていった

本間さんは、日報の良さについてこう語ります。

「始めて1年後に気づいたんですが、前年の日報を見返すと、去年の同じ月、同じ日にこれをやったというのがわかります。つまり、今月、自分がどう動けばいいかというのを去年の自分がやってくれているわけです。これは、1年をまたいでのPDCAみたいなものです。経営なので、うまくいくこともあればうまくいかないこともあり、うまくいかないことに対しては、検証して手を打ちます。それをあとで振り返ることができるので、打ち手の成功確率がどんどん上がっていきます」

日報で日々、ＰＤＣＡを繰り返していくと、売上の予測がだんだんとできるようになっていきます。「すごく精度の高い動き方ができるようになった。そうなると、力の抜きどころもわかります。売上を爆発させるときに一気にやる。効率のいい、肩の力が抜けた毎日が送れるようになった」と本間さんは振り返ります。

「日報を始めて一番の大きな変化は、打率（アベレージ）が上がったことです。それまでは感情やノリに左右され、結果を反省することもなく、数字もほとんど見ず、闇雲に仕事をしていました。日報で『やるべきこと』を管理し、仕事内容や感情を記録することで、翌年に同様の失敗をすることが少なくなりました。まだムラはありますが、結果を出し続けられていることが大きいです」

大ヒット商品を発掘

２０１７年７月に、本間さんは「ハーバリウム」という商品を発売し、これが大ヒット商品になりました。「ハーバリウム」は透明なガラス瓶にプリザーブドフラワ

大ヒット商品になったハーバリウム。オイルのなかにプリザーブドフラワーを入れてつくる

ー（生花から水分を抜き、保存液を吸わせたもの）とオイルを入れて完成します。花うるるで発売した頃はまだ知る人ぞ知る存在でしたが、その後、テレビや雑誌などで頻繁に取り上げられて一大ブームとなり、発売後、約1年半で累計販売本数は1万3000本を超えました。価格は1本3000円からなので、ハーバリウムの売上だけで約4000万円になる計算です。

毎年4月は翌月の母の日のギフト需要があり売上は伸びるのですが、2018年4月の月商は過去最高の1574万円を記録（それまでの最高月商は674万円）。倍増したのは「ハーバリウム効果」

でした。

　２０１７年の春頃、生花販売の知り合いが、ハーバリウム制作の教室をやっていることをフェイスブックで知り、本間さんは初めて「ハーバリウム」という言葉を聞き、日報に書き留めました。しばらくして、フェイスブックでほかの人も「ハーバリウム」について紹介しているのを見て、興味を持ったと言います。

　自分が詳しい分野において、新しい言葉を異なる情報源から複数回聞いた場合、流行の予兆である可能性があります。ハーバリウムの場合、まさにそれでした。また、「商品自体がすごくかわいくて『ときめき』を感じたので、販売してみようと思いました」と本間さんは言います。このように気になる「新しい言葉」を書き留めておいて、それを何度か繰り返し聞いたときに「ブームの兆候ではないか」と考えてみてください。ハーバリウムのような大ヒット商品のヒントが隠れているかもしれません。

年間売上も過去最高を記録

　これと同じような話として、「ふるさと納税」の返礼品の対象に花うるるの商品を申請したことがあります。「フェイスブックで和歌山市のみかん販売店から『ふるさと納税の需要で忙しい』と投稿があり、しばらくして生花店の人からも、『寄せ植えの体験教室をふるさと納税の対象にした』という投稿がありました。これで、自分たちの商品も対象にできるのではないかというアンテナが立ちました」

山口市に問い合わせて書類を取り寄せて申請したところ、意外に簡単に登録できました。その結果、告知してから1カ月たたないうちに30件の注文があり、なかには17万3000円分の商品（ハンギングバスケットが半年から1年の間に6回届く定期便）を購入した人もいました。

「日報のTODOリストに『ふるさと納税』と書き込んで、毎日目にするようにしました。もともと腰が重いのでアイデアを思いついてもそのまま寝かしていることが多かったのですが、日報の活用で少し時間はかかっても行動に踏み出せるようになりました」と本間さんは言います。

ふるさと納税効果もあり、2018年12月の月商は513万円で、同じ月の過去の月商の最高記録を更新し、年間売上も7281万円でこちらも過去最高額でした。

ケーススタディー ❸

クイーンズカレー（飲食店）

「驚きの新カレー」を毎月開発し、地域の名物店として定着

PDCA日報でこう変わった!

月商 **59** 万円

ファンはいるが来店は半年に1回。
単品商売の限界

↓ 2年で4倍!

月商 **254** 万円

新メニューと情報発信で
来店頻度アップ

カレーを中心とした飲食店ウィズウィード（クイーンズカレーの前身）を経営する有元玲子さんが日報を書き始めたのは、２０１５年の1月からです。開業してから6年くらいが経過した頃です。その4年前に、山口市の小郡インターチェンジ近くの住宅街に移転してきました。

看板メニューは、2日間煮込んだ牛すじスープと独自にブレンドした辛口スパイスが特徴の牛すじカレー（６００円）。店に来る客の約8割は、牛すじカレーを注文します。客数は昼と夜の合計で1日平均32人ほど。客単価は約７５０円。月間の稼働日は25日でしたので、月商は約60万円でした。

最初にこの店の状況を見たとき、売上を伸ばすのは簡単ではないと感じました。何しろ立地がよくない。近くに交通量の多い幹線道路が通っているが、店があるのはそこから徒歩3分ほど内側に入った場所です。幹線道路から店はまったく見えません。また、店の周りも住宅がぽつぽつとあるだけで店舗や人が集まるような施設は見当たらない。一言で言うと、「気づきにくい店」でした。

そんななかでも、売上を伸ばす算段をしなければなりません。

突破口は1000人のフォロワー

気づかれない、誰も知らないという立地の店に客を呼ぶというのは、よほどお金をかけて広告宣伝でも打たない限り、普通は無理です。けれども、当時は、広告宣伝しようにもお金がありませんでした。

ないないづくしのなかで、唯一目を引いたのが、有元さんがお店の常連さんに発信していたフェイスブックで、1000人のフォロワーがいました。

中小零細のカレー店で、1000人のフォロワーがいる店はなかなかない。いや、すごいことです。有元さんはとても気さくで、誰とでもすぐに仲良くなってしまう方なので、趣味のオートバイや輸入雑貨関連のつながりで友だちや知人が数多くいました。お金をかけないで広告宣伝するには、こうした既存の人脈を活用するのが最も手っ取り早く、効果が高いことが多い。

そこで、販促にフェイスブックなどのSNSを使い、少なくとも週1回の情報発信をすることに決めました。本書の第4章で触れますが、営業や販促のコツは新規顧客の開拓よりも先に既存顧客に働きかけ、ユーザーをファンに変えることにあります。

新規顧客を開拓するには、お金がかかるし、成功率も低く効率が悪い。それに対して、フェイスブックで既存顧客の来店頻度を高める戦略なら、お金もかからず効果も期待できます。

週1回という形で定期的に情報発信するには、行動を習慣にする必要があります。行動を習慣化するのに、PDCA日報ほど適したツールはありません。

来店客が多いのは土曜・日曜なので、その直前の金曜日に1回、可能であれば、週明けの月曜日に1回の合計2回、情報発信することに決め、有元さんは月間スケジュールに書き込みました。

毎月、「驚きの新メニュー」を一つ開発

この店の常連客の大半は、半年に1回来れば店主である有元さんへの義理は果たせるという感覚でした。こうした客に毎月来てもらうようにするには、いくら情報発信の回数を増やしても、名物の牛すじカレーだけでは難しいと思いました。店主の有元さんと常連さんの仲がどんなによくても、メニューの選択肢があまりないと飽きてき

てしまいます。

　そこで有元さんと話し合い、毎月一つ、強烈なインパクトのあるカレーの新メニューを開発することにしました。

　不利な立地、そして販促にSNSを活用することを考えると、ただのカレーの新メニューではだめで、「強烈なインパクト」が不可欠です。「こんなの見たことない！」「そこまでやるか！」と思わずSNSで誰かに知らせたくなるメニューです。

　しかも、月替わりの新メニューは、その月にしか食べられない期間限定メニューにしました。ものすごく大ヒットした場合に限り、「みなさまのご要望にお応えして、大人気だったあのカレーをグランドメニューに入れました」とする作戦です。

「今のうちに行かないと食べられなくなる」と思ってもらうことで、来店頻度を半年に1回から毎月にしたい。「なんかバカやっているカレー屋さんがあるな」と覚えてもらうことをめざしました。

　ちなみに、「期間限定」や「数量限定商品」で消費者の購買意欲をくすぐることを心理学で「スノッブ効果」と言い、マーケティングなどで消費者の行動を喚起させるために多用されています。

カレー店経営、有元玲子さんの日報

2015年　2月　7日　土　曜日

夢・希望・欲しいもの
新しいお財布♡　店のテーブル・いす

今日の予定		結果
7:00		
8:00		
9:00		
10:00		午前中
11:00	オープン	わりと
12:00		ヒマ
13:00		
14:00		
15:00		
16:00	アボカドカレー	
17:00	をメニュー表に	オーダー
18:00	投入	が入った
19:00	予約3人（21:45まで）	
20:00	予約2人（21:30まで）	
21:00	クローズ	
22:00		
23:00		

今日やること
□ ポップの作成
□ 新メニューをメニュー表に
□ 卵注文
□ 振り込み
□
□
□

新メニューのアイデア
鉄板焼きカレー

客層		若者	ミドル	シニア
昼	男	人	人	人
	女	人	人	人
夜	男	人	人	人
	女	人	人	人

目標管理

項目	目標	実績	累計
本日の売上	30000円	31570円	円
売上（ランチ）	14000円	12530円	円
売上（夜）	16000円	19040円	円
客数（ランチ）	17人	12人	人
客数（夜）	16人	18人	人
テイクアウト数	10食	8食	食
客単価（昼）	820円	1044円	円
客単価（夜）	1000円	1057円	円

うまくいったこと	ルール化	本日の気づき
テイクアウトが多かった	リピーターのテイクアウトがありがたい！　次回のリピートに向け何かアクションをする	・チラシは種類が多いほうがいいかもしれない ・コーヒーといっしょに頼みたくなるデザートの新メニューを考える ・「ついでに注文」のメニューをつくる

うまくいかなかったこと	改善策	今後やりたいこと
同業店より夜のお客さんの単価が低い、かつ長時間	デザートを勧める。ポップも作成	・ホームページのリニューアル ・メニューのリニューアル

※実際の日報をもとに一部編集して作成

フェイスブックで週1回の情報発信と、月替わり新メニューの開発。この二つが、売上アップのための基本戦略でした。

半年で客数、客単価がアップし月商が2倍に

毎月面白いメニューを出して、常連客のリピートの回数を増やすことが当初の目的でした。実際に蓋を開けてみると、それが当たって常連さんの来店頻度が短くなり、半年に1回あるいは1年に1回が、2カ月に1回、毎月に変わっていきました。

新規顧客はそんなに増えなかったのですが、既存客の来店頻度が上がったことで、1日の平均来客数は、32人から58人に増加しました。日報を書く前は月商59万円でしたが、月替わりの新メニューを始めて半年たったくらいで、2倍の月商120万円を達成できました。

経営に大きくプラスとなったのは、客単価が750円から900円にアップしたことです。客単価が上がった最大の理由は何かというと、毎月投入する新メニューを、900～1200円くらいのやや高い価格帯で開発したからです。定番だった600

円の牛すじカレーと同じような価格帯のものを苦労してつくっても面白くないと思ったわけです。「値段は少し高いけれど面白いので、ノリで食べてください」という感じでお客さんに働きかけました。大切なのは、価格の安さではなく、「面白さ」という付加価値です。

新メニューの例を挙げてみます。

- **クレイジーラムカレー　９８０円**
- **ザ・ＨＯＴＡＴＥ（チーズ帆立カレー）　１１５０円**
- **ギガにんにくカレー（グリルした巨大にんにく１株が載っている）　１５２３円**
- **ミルフィーユカレー（てりやきチキンを完熟トマトではさむ）　１３５０円**
- **骨まで食べられるマンモスの肉カレー（ゴボウに牛肉を巻く）　１１８８円**
- **１ポンドステーキカレー　３９８０円**

１ポンドステーキカレーは、カレーの上にどーんと１ポンド（約４５０グラム）のステーキが載っている肉好きにはたまらない一品で、価格はほぼ４０００円です。

やや高額の月替わり限定メニューは全注文の2～3割（10～20件）なのですが、当然、それでも客単価は上がります。ちなみに現在では、客単価がコンスタントに1000円を超えています。

有元さんと私たちは、当初から「なんかカレーが食べたくなったからあの店に行こう」という選ばれ方ではなく、「あのインパクトメニューが食べたいから行こう」と

ユニークで斬新な月替わり新メニューで、顧客の来店頻度を上げることに成功

なるように努力してきました。

日報で新メニューのアイデア出し

新メニュー開発にも、もちろんPDCA日報を活用しました。インパクトのあるメニューというのは、そう簡単に思いつくものではありません。まずは、たくさんアイデアを出すことが重要です。そこで、毎日書く日報に、「新メニューのアイデア」という欄を設け、1日1個アイデアを記入してもらうことにしました。毎月30個のアイデアを考えれば、一つか二つくらいはインパクトのあるものが出てきます。

これも日報による習慣化が力を発揮した例です。

中小零細企業の経営者はプレイングマネジャーなので日々忙しく、あとでまとめてやろうと先延ばしにしていると、結局何もできずに終わってしまいます。月の頭から新メニューを投入しようとすると、少なくとも前月の20日くらいまでに新メニューを決定し、3〜4日で試作を終え、食材を手配する必要があります。こうしたスケジュールもすべて日報にあらかじめ記入し、自分の時間を予約しておきます。そして、実行した内容を振り返り、毎日反省する。だから継続していくことができます。

日報ではそのほか、数字の把握を心がけてもらいました。具体的には、ランチとディナーの売上、客数、客単価、テイクアウト数などです。また、「スタッフに教えたこと」「教えるべきこと」も書いてもらいました（日報のフォーマットは必要に応じて変えています）。これは、スタッフの教育についての意識を高めてもらうためです。

広告宣伝強化で弾みをつける

もともとお客さんの大半は山口市からでしたが、こういう面白いことをやっていると、SNSなどで情報がどんどん拡散していきます。周辺の萩市や周南市からお客さんが来てくれるようになり、インパクトメニューにこだわったことで商圏が広くなりました。

施策が当たって月商が倍になると、少しだけ資金に余裕ができました。

そこで、山口市内の全戸に配布されている無料のコミュニティー紙に小さな広告（2センチ×5センチ）を出しました。広告には、「○月の限定カレー」と題して、写真付きで新作メニューを告知しました。費用は1回1万5000円でしたが、フェイスブックを利用していないお客さんを集めるのに効果がありました。

店の格が上がった

そのうちに、予想外のことが起きるようになってきました。

お客さんにとってかつてこの店は「牛すじカレー屋さん」という位置づけでしたが、それが「なんか面白いことをやっている店」に変わっていったのです。食事のチョイスに悩んだときは、面白いことをやっているあの店に行こう。普通の店に行くんだったら、ちょっとぶっ飛んでいるあの店に行こう。こういう認知を一般の人々に持ってもらえるようになりました。つまり、「面白いことをしている店」というブランディングに成功したわけです。これが、客数が安定して増加していくことに非常に役立ちました。

言い換えれば、店の格が上がったわけです。ごく普通の飲食店の一つではなく、別のカテゴリーにあるスペシャルな店という感じで、普通のカレーの店とは違う位置づけになりました。そして、1年たったとき、当初の3倍となる月商180万円を達成しました。

この頃には、日本航空の機内誌や地元のテレビ番組などでも取り上げられるようになり、「気づかれにくい店」が「隠れ家的な名物店」として認知されるようになっていきました。

ここまでは大成功だったのですが、好事魔多しという言葉の通り、経営というのは得てして好調なときに落とし穴が待ち受けているものです。

2店目出店で共倒れの危機に

集客も売上も順調だったので、有元さんは2017年4月に2店目を出店することに決めました。2店舗目の店名は「クイーンズカレー」です。

1店舗目は立地が悪くて集客に苦労したので、2店舗目は山口市の中心地に近い維新公園という交通量の多い道路沿いに出店しました。1店舗目は20席くらいでしたが、2店舗目は35席超とキャパシティーが大きく立地もいいので、2店舗合わせて月商

400万円くらい狙えると意気込んでいました。

ところが、2店舗目を始めてみると、いきなり準備不足が露呈しました。運営を任せられるスタッフがまったく育っていなかったため、店の運営がたびたび混乱し、結局、有元さんが2店舗分の面倒をみなければならなくなったのです。

1店舗でも大変だったのに、業務量が2倍になれば、物理的にも精神的にも余裕がなくなります。

月に1度の新メニュー開発は何とか続けることができたのですが、実は、2店舗目の開店後まもなく日報の記入が滞るようになってしまいました。私たちは、有元さんの日報を毎日チェックしていたので、「忙しくても日報を書いたほうがいいですよ」とアドバイスしましたが、新店舗の運営が大変なことも知っていたので、しばらく様子を見ることにしました。

結論から言うと、新店を出したのは失敗でした。2店舗目のほうはキャパが大きく立地もよかったのですが、思ったように売上が伸びず、好調だった1店舗目のほうも、売上が落ちてきました。さらに、それまではほとんどなかったお客さんからのクレームも増えました。2店舗目を出した当初は、クイーンズカレーだけで月商300万円をめざしたいと意気込んでいましたが、実際には2店舗合わせても330万円くらいにとどまり、忙しさだけが倍増するという状況でした。

2店とも売上が少しずつ落ちてきたため、もうこれ以上、放ってはおけません。「このままだと共倒れする恐れが出てきた」と判断した私たちは有元さんに、新しい「クイーンズカレー」を残し、1店舗目の「ウィズウィード」から撤退するようにアドバイスしました。

有元さんも相当悩んだようでしたが、結局、2店舗目の「クイーンズカレー」を開店して約1年後に、「ウィズウィード」を閉じました。

日報再開で再び成長軌道に

1店舗に統合したことで、経営は再び落ち着きを取り戻していきました。また、有元さんは中断していた日報を再開しました。

すると、クイーンズカレーの売上は対前年同月比で10パーセント以上の伸びを示すようになりました。

直近の月商（2018年12月）は254万円。フェイスブックでの情報発信も、週1回から週2、3回に増やしています。それができるのも、日報で自分の予定を予約し、先手を打って行動できるようになったからです。

中小零細企業の場合、しつこいくらいに何度も繰り返し情報発信するという意識が低い場合がよくあります。発信するネタがない、という声もよく聞きます。せっかく新メニューを開発しても、ほとんどの人がそれを知らなければもったいない。

情報発信のネタはいくらでもある

私たちが経営者の方によく言っているのは、映画のプロモーションを見習ってほしいということです。

映画制作には億単位の莫大な資金が投じられ、興行での失敗は許されません。だから、さまざまな角度から徹底的にプロモーションします。その流れはおおよそ次ページの図のようになります。

これをそのまま新メニューの情報発信に使えば、週に2、3回は出せます。発売前に、「伊勢エビを使ったカレーをつくろうと思うんですけど、みなさんどう思いますか」といった発信もありでしょうし、「お客さんの○○さんからこんなアイデアをもらいました」という感じで一緒に開発を進めていくのもありです。

新メニューは毎月1日に発売開始なので、その1週間前に「来月のカレーはこんなのです」と予告して、発売当日には「今日からいよいよ新メニューの○○カレーが発

映画のプロモーションの流れ

制作のきっかけ(着想)

▼

ストーリー、思い

▼

キャスト発表

▼

撮影順調

▼

いよいよ公開

▼

今日から公開

▼

おかげさまで絶賛公開中

▼

観客の感想

▼

今週末で終了!
まだの人はお急ぎください

▼

来週からは○○がスタート

売です」とお知らせし、1週間以内に「新メニュー、大変好評です！」と伝えます。さらに、お客さんにお願いして感想も載せます。そして中旬くらいに、「大人気、絶賛発売中です！」と少しあおります。そのくらいから次の新メニューの試行錯誤を始めて、出せる情報は出していく。月末の1週間くらいになったら、「残りわずか○日、まだ食べていない方はぜひ！」と呼びかけ、集客を最大化させます。

店の外観も少しずつ手を加えています。大手チェーンのようなセンスのある感じは出せていないものの、勢いがある感じにはなっていると思います。2メートル×2メートルの防水のタペストリー（経費は1万5000円くらい）や20本ののぼり、アメリカンテイストの看板をかけるなど、少しずつバージョンアップしていきました。

日報を書かなくなってなぜ売上が落ちたのか？

2店舗出して忙しくなった時期に日報を書かなくなり、好調だった1店舗目の売上も落ちていきました。

それはなぜかと考えてみると、やはりスケジュールを書かないので行動が後手に回ったのが大きいと思います。日報で予定を決めないと、行動が場当たり的、近視眼的になってしまい、効果的な対策を打てなくなってしまい、行動の質が低くなります。特に、販促に関する打ち手が少なくなりがちでした。

ＰＤＣＡ日報を再開して、「毎日情報発信するには先にネタを考えていたほうが効率的」とか、「この時間帯に店を1時間スタッフに任せて、自分はどこかに行って販促のコピーや文章を書こう」とか、計画を立てて売上につながる行動（情報発信や販促物の作成など）をちゃんとできるようになったので、売上が再び伸びたのではないかと分析しています。

今後の課題は、いろいろあります。カレーの大手チェーンに比べると、夜のお客さんが少なく、特に家族連れで来るお客さんをもっと増やしたい。そのためには、新しいメニューの開発や家族連れが入りやすい店づくりが求められます。また、2店舗目を視野に入れた人材育成やマニュアルづくりも必要です。

近々正社員を1人採用する計画があり、社員1人とアルバイト・パート何人で店を回せるのかを検討してもらっています。まずは、クイーンズカレーの売上を月商300万円に近づけること、そして、有元さん一人に頼らない運営の仕組みをきっちりとつくりあげて、2店舗目、3店舗目に挑戦していくことが今の目標です。

ケーススタディー ❹

弁護士法人牛見総合法律事務所（弁護士事務所）

行動力の源は日報「攻めの姿勢」で顧客開拓に成功

PDCA日報でこう変わった！

〔月商 35 万円〕

独力の限界

↓ 3年で30倍！

〔月商 1042 万円〕

「攻め」に転じて
顧客数アップ

弁護士の牛見和博さんとの出会いは、2013年の5月。ちょうど牛見さんが山口市内で弁護士事務所を開業されて2カ月目のことでした。

開業前は、大阪市内の法律事務所で大企業を顧客にさまざまな企業法務の案件を担当していました。事務所から海外留学の話もあったのですが、ちょうど30歳の誕生日を迎えるという区切りのタイミングでもあり、そのまま留学するか、それとも生まれ育った地元に戻って開業するかを考えるようになり、悩んだ末、結局、地元に戻ることを選びました。

もともと弁護士をめざしたのは、「周りの人、身近な人を幸せにしたい」という熱意からでした。

「企業の仕事は最先端で面白く、大企業なので何万人もの方のために働いているのですが、直接顔が見えません。どうせなら地元で、お客さんの顔の見える仕事がしたいと思いました」

牛見さんはこう振り返ります。

電話が1回も鳴らない日もあった

ただ、独立に当たっては、最初は独力で進めようとしていました。開業前に中小企業診断士の資格を取ったり、ホームページを作成したりはしましたが、それ以上のことはできておらず、いざ開業しても、事務所の電話がほとんど鳴らない日が続きました。弁護士業は、相談の依頼があって初めて売上が見込めるわけですから、これでは売上が伸びません。

牛見さんはお兄さんの勧めで、私の書籍を読んでいただいたようで、「会ってお話しをうかがいたい」と直接、電話連絡があり、事務所におじゃましました。

牛見さんからは熱意をすごく感じました。

「法律や情報を知らないがために悩みを抱えている人を救い、幸せになってもらいたい。そのためには、僕は弁護士の敷居を低くしたいんです」

こう熱弁されていたのが印象的でした。

法人顧客獲得で経営安定化をめざす

牛見さんの課題は明らかです。熱意はすばらしい。ビジョンもある。あとはその熱意をエネルギーにしていかに集客するか。

牛見さんはそれまで企業法務専門でしたが、これからは地域住民のために働きたいという意向がありました。ただし、これまで培ってきた企業法務の実績やノウハウは魅力的です。

実は弁護士業の場合、企業の顧客は、顧問契約などを結べば安定収入になります。また、支払いサイトも1、2カ月と短い。それに対して一般個人の顧客は、潜在的な相談件数が多いという魅力がある半面、支払いサイトは半年から1年、ものによっては3年くらいかかるケースもあります。つまり、裁判などで結果が出てからの支払いになることが多いので、労力を投入してから売上が立つまでに時間がかかるわけです。

弁護士事務所の経営を確固たるものにするには、まずは法人契約を取って基盤を固めつつ、個人の相談を増やしていく必要があると私たちは考えました。

そこでまず手をつけたのが、法人顧客の開拓です。ホームページをつくってただ事務所に座っていても、顧客開拓はできません。やるべきことは、潜在顧客のいる場所に、自ら頻繁に顔を出し、きっかけやつながりをつくることです。

商工会議所、商工会、中小企業家同友会、倫理法人会、青年会議所など、調べてみると、外部からも参加できるオープンな会合のある経営者の団体はかなりあります。そこに可能な限り顔を出してもらうことにしました。

牛見さんは日報に、会合であった人の名前や印象、感触などを記録していきました。そして、それをもとに、面識のできた経営者と連絡を取り、面談の機会をつくりました。経営者からヒアリングして、悩みを聞いて、法律的にどこをサポートできるのかをこちらから提案していくためです。

ニーズに気づいてもらうためのチェックリスト

面談に備えて、事業案内のツールづくりも進めました。一般の商売に比べると、弁護士への相談というのは、「いくらかかるかわからない」という不安を持っている人が多いと思います。ここが、弁護士への相談の敷居が高く感じる一つの原因かもしれません。

そこで、サービス内容と料金が明確にわかるように料金表をつくりました。年間10万円の最も安いプランから、月額3万円、5万円、10万円（のちに月額20万円のプランを追加）まで取りそろえました。料金が上がるにつれて、業務への対応時間が長くなります。

さらに、面談に備えて、企業が法律問題を抱えていないかどうかを探るためのより具体的なメニュー表を作成し、ブラッシュアップしていきました。現在は、企業が直面しやすい法律問題のチェックリストもつくっています。普段から弁護士と付き合いのある経営者は少ないので、自社のなかにどのような法律的な課題や問題があるか認識できている人はあまりいません。

ただ、実態はどうかというと、契約書を使わずに口約束で契約していたり、契約書に不備があったり、労務面では就業規則や社内規定を持っていなかったりと、課題が山積しているケースがよくあります。それを経営者自身に認識してもらうために、事前に法律問題チェックリストなどを作成し、それをもとに話をしたのです。

料金を明示し、見込み客の不安を払しょく

顧問サービス【料金表】
ADVISORY SERVICES
USHIMI LAW OFFICE

プラン（料金）／サービス	月額制			
	ライト ３万円＋消費税	ベーシック ５万円＋消費税	スタンダード １０万円＋消費税	プレミアム ２０万円＋消費税
年間業務時間 （下記対応含む）	年間 １８ 時間まで （月1.5時間程度）	年間 ３６ 時間まで （月３時間程度）	年間 ７２ 時間まで （月６時間程度）	年間１４４時間まで （月12時間程度）
優先対応	✔	✔	✔	✔
相談 （電話・メール・面談など）	✔	✔	✔	✔
会社への訪問	✔	✔	✔	✔
土日・夜間の緊急相談	✔	✔	✔	✔
契約書・社内規定 などのチェック	✔	✔	✔	✔
簡単な書類作成	✔	✔	✔	✔
定型的な契約書の作成	✔	✔	✔	✔
他の専門家紹介	✔	✔	✔	✔
法改正情報等の提供	✔	✔	✔	✔
役員・従業員個人の相談	✔	✔	✔	✔
個別案件の 弁護士費用の割引	１０％	１５％	２０％	２５％

※こちらは現在の料金表

牛見さんは、週に1〜2回は、何らかの経営者の会合に参加するようになり、そこで知り合った経営者に、毎日1人から多いときでは5人くらいを訪問しました。この営業活動が実を結び、顧問先企業数は着実に増加していきました。

日報には「トークをもっと改善しよう」「○○について事前にもっと調べておけばよかった」などその日の反省点を記入し、次回以降の改善に生かしていきました。

このように「営業する」弁護士というのは、非常に珍しいと思いますが、だからこそ競合相手が少なく、業績を伸ばすことができます。

イベント大失敗？ でも実は大成功

法人顧客開拓の一方で、個人顧客の開拓も進めていきました。

集客の柱となるのは、無料の法律相談とイベント、地域新聞への広告でした。無料の法律相談は、ホームページで「初回相談無料」と呼びかけたほか、各地で無料の法律相談会を開いていきました。山口県内には弁護士がいない地域もあるので、そこへ出かけていって、相談会を開いたこともありました。

個人顧客開拓で大きな転機となったのが、2014年2月5日に牛見さんが企画して開催した「自分と家族を守るB型肝炎情報セミナー（入場無料）」でした。

集団予防接種とB型肝炎ウイルス感染との因果関係が認められた人には、病態区分に応じ、国から給付金が支払われます。ただし給付金を受け取るためには、国を相手とする国家賠償請求訴訟を提起して、国との間で和解などを行う必要があります。そうした情報を地域住民に幅広く理解してもらうことがセミナーの狙いでした。

牛見さんは、800人収容できるホールを借りました。地元のスーパーなどの協賛を得て、山口大学病院の肝炎に詳しい医師も招き、地元の公共施設や病院にポスターを貼ってもらい、スーパーのチラシにセミナーの告知を載せてもらい、当日はNHKなどのメディアが取材してくれることになりました。

ところが蓋を開けてみると、残念ながら来場者は80人弱にとどまりました。800人収容できる会場でしたから、セミナーの企画としては大失敗です。ところが、NHKがB型肝炎に関してニュース番組内で取り上げてくれ、牛見さんもそこに出演できたため、非常に大きなピーアールになりました。

私も牛見さんがB型肝炎のイベントを企画していることは知っていましたが、まさか８００人収容の巨大ホールを借りるとは思ってもいませんでした。イベントの集客は十分にできませんでしたが、８００人収容のホールを借りたからこそテレビも取材に来てくれたわけで、牛見さんの大胆さが運を引き寄せたと言えます。

さらにその翌月、牛見さんが手がけていたB型肝炎訴訟が、山口県内で初めて和解となり、ほぼすべての新聞が取材に来て大々的に報道され、ＮＨＫでも特集が組まれてテレビ放映されました。この二つの出来事によって、知名度が大きく上昇しました。また、地域新聞に、過払い金の返還請求とB型肝炎に関する広告も定期的に打ち続けることで、相談件数は右肩上がりで増えていきました。

ちなみに1年目の問い合わせ・相談件数は年２００件でしたが、２０１４年は３６０件、２０１５年は８６０件となり、現在は年１４００件ほどになっています。また、売上も２０１６年11月に月商１０４２万円となりました。日報を始めた２０１３年６月の月商が35万円だったので、約30倍に増えた計算です。

TODOリストを日報に載せてチェック

牛見さんの経営で特徴的なのは、自ら動いて案件を取りに行くことです。

交通事故の相談にも力を入れていますが、牛見さんは山口県の柔道整復師会という整骨院の団体の顧問をしています。なので、整骨院から交通事故で悩んでいる患者さんを紹介してもらうことができます。

先ほど法人顧客開拓で、潜在顧客である経営者の会合に頻繁に顔を出したことを紹介しましたが、潜在顧客がいそうな場所を見定めて、そこに積極的にアプローチしていくことは、営業では非常に大事なことです。

現在、牛見総合法律事務所は、牛見さんを含め5人の弁護士をそろえ、弁護士数では山口県内で5番目の規模を誇るまでになりました。過払い金やB型肝炎だけでなく、離婚、交通事故、遺産相続、債権回収、不動産トラブルから刑事事件まで幅広く対応し、各弁護士が専門性を発揮して相談に取り組んでいます。相談の種類ごとに、専用のホームページをつくり（離婚相談であれば『山口離婚相談』https://yamaguchi-rikonsoudan.com/）、相談をしやすくしているのも大きな特徴です。

２０１８年の売上高は約１億２０００万円で、初年度（１２６５万円）の約10倍に達しました。牛見さんは日報の効用をこう語ります。

「日報には、考えていることを書くという面のほかに、日報に埋めなくてはいけない欄があるから考えるという側面もあります。やるべきことを考え、リスト化し、できたらチェックしていく。一つひとつクリアしていくと達成感がありますね」

最後に、牛見さんが初期の頃、日報に載せていたすきまタスクとじっくりタスクのリストを紹介します。

月ごとに、「会社全体」「組織・人事」「営業」「業務全般」「総務・経理」という形に分けてＴＯＤＯリストをつくり、それらを「すきまタスク」「じっくりタスク」「今月やりたいこと」に分類し、毎日の日報にチェックリストとして貼り付けます。

日報の右上の部分をこのようにカスタマイズするわけです（次ページ参照）。こうしておくと、牛見さんが指摘するように、達成項目にチェックを入れる楽しみが出てきます。

拡大

すきまタスク	チェック	じっくりタスク	期限
顧問先候補のピックアップ		メニュー表	7月
見込み客のリスト化		Q&A集	7月
見込み客へのメール		お客さまの声	7月
あいさつ回り		契約までの流れ	7月
商工会・会議所		各種広告ツール	7月
地方自治体		○○社研修	8月下旬
金融機関		商工会研修	9月中旬
主要企業		各種マニュアル	年内
交流会準備		**今月やりたいこと**	
ブログ更新		顧問先の増加	
リスティング見直し		B型肝炎訴訟の増加	
ホームページ改定		債務整理・交通事故・企業法務の増加	
フェイスブック改定		山陽小野田市相談会の準備	
セミナーレジュメ		ネットワーク・交流会の準備	
ニューズレター		12時就寝・6時起床	
今日の法人目標		**今月の法人目標**	
問い合わせ目標	件	問い合わせ目標	15 件
問い合わせ数	件	今日までの問い合わせ数	3 件
相談目標	件	相談目標	12 件
相談数	件	今日までの相談数	3 件
受任目標	件	受任目標	10 件
受任数	件	今日までの受任数	1 件
今月の目標売上	200 万円	今日までの売上	円
今日の個人目標		**今月の個人目標**	
問い合わせ目標	件	問い合わせ目標	30 件
問い合わせ数	件	今日までの問い合わせ数	15 件
相談目標	件	相談目標	15 件
相談数	件	今日までの相談数	10 件
受任目標	件	受任目標	10 件
受任数	件	今日までの受任数	2 件
今月の目標売上	200 万円	今日までの売上	20万円

開業初期の頃の弁護士牛見和博さんの日報

2013年　7月　4日　木 曜日

元気の出る一言：

今日の予定		結果
7:00		
8:00		
9:00	出社　メールチェック	
10:00	↕ 打ち合わせ	
11:00	昼食	
12:00	↕	
13:00	案件処理	
14:00	打ち合わせ	
15:00	↕	
16:00	案件処理 打ち合わせ	
17:00		
18:00	帰宅	
19:00		
20:00		
21:00		
22:00		
23:00		

今日の見込み客

夢・希望	今日の見込み客
山口で弁護士と言えば 牛見と言われる	△△社の○○さん ←紹介してくれた！

うまくいったこと（グッジョブ）・感謝	ルール化すること
借金なしの日（7／4）に借金相談	○○の日に引っかけて キャンペーン

うまくいかなかったこと（バッジョブ）・反省	改善策
過払い案件の戦略を立てないと	早急に専門サイトをつくる

励まし・自分へのエール	メモ
やればできる！	

※実際の日報をもとに一部編集して作成

第4章

中小零細企業の2大弱点を克服する（1）

「営業」を徹底的に鍛える

これまでPDCA日報を中小零細企業の経営に生かす方法を見てきましたが、数多くの企業を見てきて痛切に感じるのは、営業と財務に課題のある企業が多いということです。

営業と財務は、中小零細企業の2大弱点と私は見ています。苦手だから、ほとんど何の対策も講じていない企業も珍しくありません。営業は営業マン（あるいは経営者自身）の感性に、財務は税理士さんに任せっぱなしというパターンです。

でも、コンサルタントの立場から見ると、今まで何もやっていなければ、それだけ伸びしろも大きいと言えます。私たちのクライアントは、数年で売上が3倍、4倍と伸びていますが、その理由は、それまで営業活動がしっかりできていなかったところがほとんどだったからでもあります。

本章では「営業」、次章では「財務」に関して、中小零細企業ならではの強化法を解説していきます。

キラーワードを探せ

まず、売上に直結する販促・マーケティングとはそもそも何なのか考えてみましょう。一言で言うと、自分たちの商品の特徴を、マイクを使って音量を増幅させて、見込み客に届けるということです。

そのため、自分たちの商品の特性や差別化ポイントをちゃんと把握していないと、販促やマーケティングによって、間違ったことが伝わってしまいます。

せっかくよいサービスを提供していたとしても、伝える言葉を間違えていたら、お客さんには真意がまったく伝わりません。

だからこそ、まずは自分たちの商品を正しく知って、正しく伝えることが重要です。そこで経営者の方に考えてもらいたいのは、自分たちの商品・サービスの説明をどうつくっていくかということです。

そこで大事なポイントは、その商品・サービスの見込み客が１００人いたら、そのほとんどが欲しいと思ってくれるような説明文をつくれているかどうか。

販促やマーケティングの目的は、自分たちの商品を見込み客が欲しいと思う状態に

販促・マーケティングは、商品の特徴を大音量で流すこと

持っていくことであり、理想の商品説明は、見込み客100人に説明して全員が買いたいと思うようになることです。では、お客さんはなぜその商品を欲しくなるのか、そのロジックを考えてみてください。つまり、買う理由です。

この買う理由を突き詰めていくと、見込み客を必ず買う気にさせる「キラーワード」が浮かび上がってきます。この「キラーワード」を見つけ出してほしいのですが、自分ひとりで考えていても、売る側の固定観念がじゃまをしてなかなか思いつきません。

そこで、私がクライアントに勧めているのは、実際に買ってくれたお客さんに、買った理由を聞くことです。お客さんのほうは、必ずしも理詰めで考えて買っているわけではないので、かなりしつこく聞いていく必要があります。

クライアントの真の購買動機を突き止める

私も、開業当初、お客さんにどうしてうちの会社と契約したのかをしつこく聞いていました。私としては、「中司さんのコンサルの腕を見込んで」というような答えを予想(期待)していました。ところが、私が話を聞いた年商11億円の65歳の社長さんが言ったのは、「中司君が若いからだよ」。

拍子抜けするような答えですよね。「えっ、そこなんだ」と思いました。

その社長さんは結局、元気が欲しかったんです。経営を40年以上やってこられ、リタイアも考えていました。でも、後継者がちゃんと育っておらず、自分が引退して今のお客さんをつなぎ止められるかどうかも不安で、現状を考えるとまだリタイアできない。そこで、年々しぼんでいく事業への情熱を、私の若さで補えたらいいなと思ったと言うのです。

「そういうニーズやウオンツがあるのか」

私にとっては大きな発見でした。早速、日報の「ルール化すること」に「若さ、元気さを求めている人もいる」と書き入れ、以降の営業活動に取り入れました。60代以上の経営者には、「僕は情熱と元気を届けます」とアピールするようにしたわけです。

逆にこんなこともありました。

日報を始めてから3年で売上が10倍になり、年商5億円までいった社長さんです。契約時点では36歳で、私よりも5歳年上だったんですが、前職も大会社の役員をしていた方で、段違いに優秀でした。「どうして契約したのか」と根掘り葉掘り聞いたら、「中司君はおれより若いから、日報に『○○を実行する』と書いて実践しなかったら恥ずかしい」と話してくれました。

「それまでは自分でやりたいと思っていたことの1割くらいしか実践できていなかった。アイデアはどんどん出てくるんだけど、実践が伴わなかった。自分より若い人に日報を出すことで、3割は実践するようになると思うんだよね」

この話も目からうろこでした。明らかに私より優秀な経営者に対しては、コンサルのノウハウではなく「日報を活用すれば、アイデアの実践率が倍増します」とアピールすればいいと学びました。

実は、私はこのような話を30種類ぐらい持っています。その商品やサービスを買う理由（既存のお客さんがなぜその商品・サービスを買ったのか）を徹底的に掘り下げてキラーワードを見つけ出し、それを営業のトークやツールに織り交ぜて、見込み客の年齢やレベルなどによって使い分けることで、相手が「この商品・サービスを欲しい」と思える状態にもっていきます。

商品やサービスを買う理由を正確に把握することなく、間違ったイメージで捉えた状態で販促・マーケティングをすると、どうなるか。前述したように、販促・マーケティングは拡声器です。間違った情報の音量が拡大されて伝わってしまいます。

間違った情報を信じたお客さんが実際にその商品・サービスを買って「裏切られた」と感じたら、その人がもう二度と買ってくれないだけでなく、悪い噂が広まってお客さんが一切来なくなる。広告の力でガンガン集客して、一時的には売れるけれど、翌月からぱったり売れなくなるパターンです。

マーケティングは下から考える

次に、販促・マーケティングをどのようにして強化していけばいいかを考えていきましょう。私は業務を見直していく際に、まず、その業務を細分化して、どんな流れ

（業務フロー）でその業務が進んでいくのかを点検していきます。

販促・マーケティングで業務フローを見ていく際に便利なのが、**「じょうごフロー」**です。大きな逆三角形と小さな三角形が頂点で連結した形になっています。上の逆三角形がじょうごの形に似ているのでじょうごフローという名がついています。

ではまず、上の逆三角形から説明しましょう。この逆三角形は人の数を表しています。マーケティングや販促は、その地域の人口がベースになります。山口市であれば人口19万人。これがじょうごのいちばんの上の層になります。

次に、この地域の人口のうち、自分たちの商品やサービスを知ってくれている人は何人いるかと考えると、人口が減ります。これが2番目の層。さらに、そのなかで商品やサービスに興味を持ってくれた人、（店の場合であれば）実際に来店してくれた人、買ってくれた人の数を見ていくと、どんどん数が減ってVの字になっていきます。このVの字がじょうごに似ているのでじょうごフローというわけです。

一方、下の三角形は、売上を示しています。1回限りのユーザーよりも、複数回買ってくれたユーザー、定期利用してくれるミドルユーザー、定期利用かつ高額商品・サービスを買ってくれるヘビーユーザーの順に、売上が大きくなっていきます。

マーケティングマップ

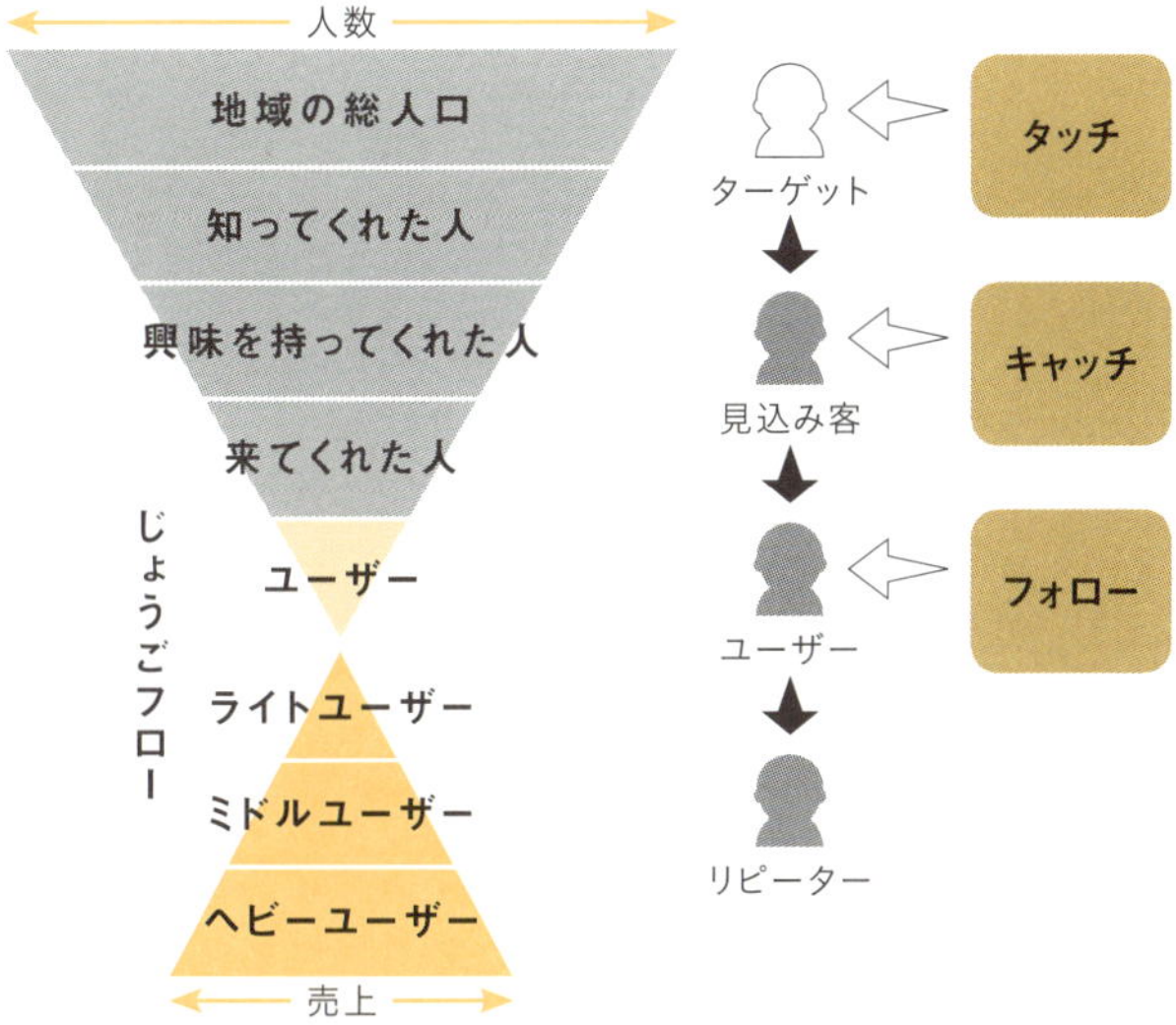

タッチ（PR・マーケティング）	•ターゲットを明確にし、アプローチをかけられる状態にする •ツールは、広告、チラシ、看板、SNS、顧客からの紹介など
キャッチ（接客・販売・営業）	•見込み客に対して購買を導く仕掛けをする •ツールは、会社・商品案内などのパンフレット、POP、イベント開催など
フォロー（さらなる情報提供）	•ユーザーや一見客を、ヘビーユーザー化、理想顧客化させるための仕組みをつくる •ツールは、DM、ニューズレター、サンクスレター、ユーザーイベントなど

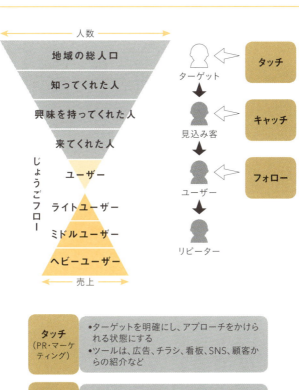

二つの三角形の接続部分を太くする

イメージとしては、上の大きな逆三角形は見込み客からユーザーになるまで、下の小さな三角形はユーザーからヘビーユーザーになるまでの流れを示しています。じょうごフローでは、上の逆三角形の部分は下にいくにつれて、どんどん数が減っていきます。そこで重要なのは、せっかくユーザーになってくれた人を下の三角形の部分でリピーター、ヘビーユーザーにしていく流れをしっかりとつくっておくこと。言葉を換えると、上の逆三角形と下の小さな三角形の接続部分を太くしておくということです。

ここが細いままだと、せっかくお金をかけて宣伝を打っても、1回は買ってくれるかもしれないが、リピートが期待できず、マーケティングにかけたコストが非常に割高になってしまい、労多くして利益が出ません。

ある健康食品のテレビ通販では、初回の利用客を1人獲得するのに1万円かけているそうです。実際にその利用客が最初に買う商品（お試し価格）は1000円くらい。つまり、9000円の赤字です。どうしてそれで商売が成立するのかというと、その会社では、初回の購入客を高い確率で定期購入客にするための手法（テレマーケティングや商品同梱チラシ）が確立されているからです。優良企業ほど下の三角形の部分でユーザーをリピーターに変える仕組みを持っています。

つまり、販促をどこから強化すればいいのかと言うと、普通の人は、じょうごフローの上から（つまり、集客ばかり）やろうとしますが、そうではなくて、下の三角形の部分を充実させていかないといけません。

正しい順番は、リピーターがどうやったらヘビーユーザーになるのか、ユーザーがどうやったらリピーターになるのか、ユーザーがどうしたら満足してくれるだろうか、見込み客がどうやったらユーザーになってくれるだろうか、ターゲットがどうやったら見込み客になってくれるだろうか――と考えていくことです。

販促・マーケティングの基本は、下から上に考えていくこと。この順番を間違えないようにしてください。

企業にとって理想的なのは、顧客がヘビーユーザーばかりという状態です。マーケティングで最もコストがかかるのは新規顧客の発掘ですが、その必要がないので低コストで高収益が見込めます。逆に、一番悲惨なのは、ヘビーユーザーがほとんどいなくて、一回限りの顧客が大半の場合。常に新規顧客を開拓しなければならず、自転車操業のような経営になり、高コストで疲弊していきます。

タッチ、キャッチ、フォロー

販促・マーケティングの業務の流れについて、もう少し細かく見ていきましょう。改善に着手する順番は下から上と述べましたが、業務の流れは時系列的に説明したほうが理解しやすいので、じょうごフローの上から説明します。

新規のお客さんがリピーターになっていくには、通常、「ターゲット客」「見込み客」「ユーザー」「リピーター」という4段階の流れを経ていきます。

ターゲット客というのは、その商品やサービスをどんな人に買ってもらいたいか、地域や性別、職業、所得などの基準で絞り込んだ結果、出てきた人たちのこと。広告やPRはこの人たちに届くように打っていきます。この段階では人数が非常に多いですから、対面営業や接客のようなハードな営業はかけられません。看板やチラシ、メディアなどを使ったソフトな広告宣伝が中心になるので、「タッチ」と表現しています。

興味を持ってもらったら見込み客となり、今度はタッチよりも少し強い「キャッチ」で働きかけます。具体的には対面での営業や接客です。

そして、ユーザーをリピーターにするのが「フォロー」です。サンクスレターを出したり、定期的にニューズレターを送付したりすることなどを通じて「ファン化」を図り、リピートやより高額の商品・サービスの購買を働きかけます。

次ページの図は、私の会社を例にとって、販促・マーケティングの「じょうごフロー」を書いてみました。上の逆三角形では、ユーザーになるまでのルートを表現しています。

当社で言えば、日報添削の契約をしているのが「ユーザー」で、その前段階が「潜在顧客（見込み客）」、ユーザーの次の段階が「既存顧客」となります。ざっくり言うと、商品・サービスを知ってもらうためのきっかけは、フェイスブックや名刺交換、飛び込み営業、人の紹介、本など、七つくらいあり、単発の「営業セミナー」や「販売促進セミナー」に誘導して日報のメリットをアピールし、さらに「日報セミナー」に来てもらい、日報添削のユーザーになってもらうという流れです。

じょうごフローマップの例

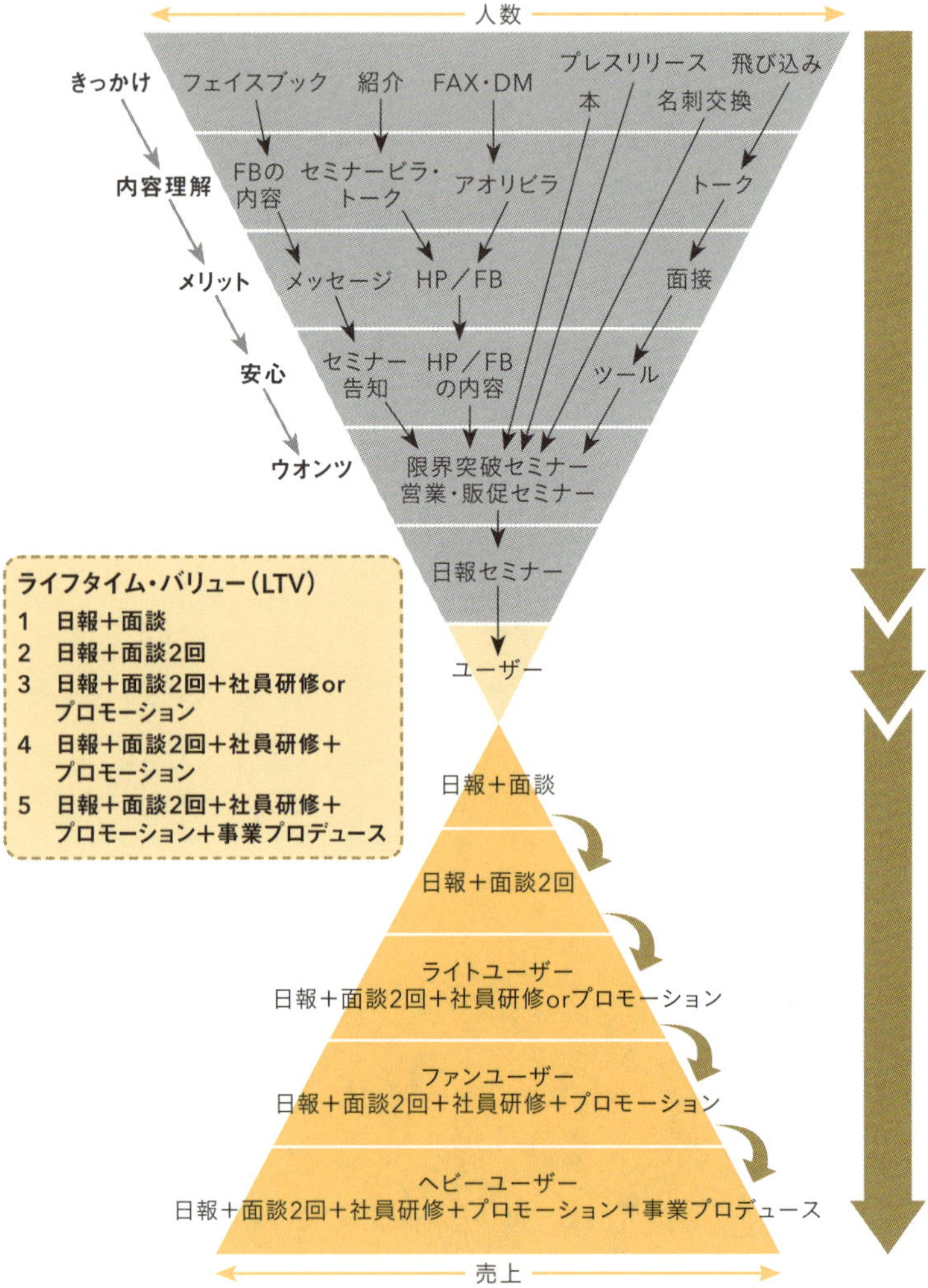

既存顧客の五つの段階
（日報ステーションの例）

（1）日報添削＋面談月1回
（2）日報添削＋面談月2回
（3）日報添削＋面談月2回＋社員研修または商品プロモーション（ライトユーザー）
（4）日報添削＋面談月2回＋社員研修＋商品プロモーション（ファンユーザー）
（5）日報＋面談月2回＋社員研修＋商品プロモーション＋事業プロデュース（ヘビーユーザー）

さらに、ユーザーになってもらったあとは、月1回か2回の面談をプラスしたり、さらには商品プロモーション、社員研修、事業プロデュースといったコンサルティングサービスを用意しています。

つまり、既存顧客には五つの段階があり、当社がフルにサービスを提供するのが「ヘビーユーザー」です。

じょうごフローの図にライフタイムバリュー（LTV）という四角で囲った部分があります。LTVは、顧客生涯価値と訳され、顧客が現在から将来においてその企業にもたらすと期待できる利益から算出される現在価値のことですが、ここでは今の顧客が最大でどこまで商品・サービスを購入してくれるかを示しています。

お客さんと共存共栄の関係を築く

もうおわかりと思いますが、単なるユーザーをいかにライトユーザー、ファンユーザー、ヘビーユーザーにもっていくかが、企業経営の最も重要なところです。

繰り返しますが、販促・マーケティングは下から上に向かって強化していく必要があります。まずは、新規顧客開拓ではなく、既存顧客のＬＴＶ、つまり、この先、どの商品・サービスをどういう頻度でどのくらい利用してもらいたいかを考え、単なるユーザーをファンユーザー、ヘビーユーザーへと進化させていく方法を確立する必要があります。

ちなみに、私が自分のユーザーをファンユーザー、ヘビーユーザーにしていく方法は、とにかく日報の活用で業績を上げてもらうことです。業績が上がれば、顧客である経営者は次にやりたいことがどんどん出てきますし、企業としてのステージが一つ上がれば、社員教育やマーケティングにもさらに力を入れないといけないので、コンサルタントとしてお手伝いできることが増えます。つまり、お客さんの成長は、私たちにとってもメリットであり、共存共栄の関係にあるわけです。

ヘビーユーザーをつくろうと思ったら、こうした共存共栄の関係に持っていくためにどうしたらよいかもよく考えてみてください。どちらかに一方的にメリットがある関係は長続きしません。

共存共栄の関係であるからこそ、顧客のロイヤルティーも上がり、長期にわたって大きなお金を落としてくれるようになります。つまり、LTVが向上します。

読者の方々も、ぜひ自社の商品・サービスについて、じょうごフローを作成してみてください。

あなたの会社のじょうごフローマップをつくってみましょう

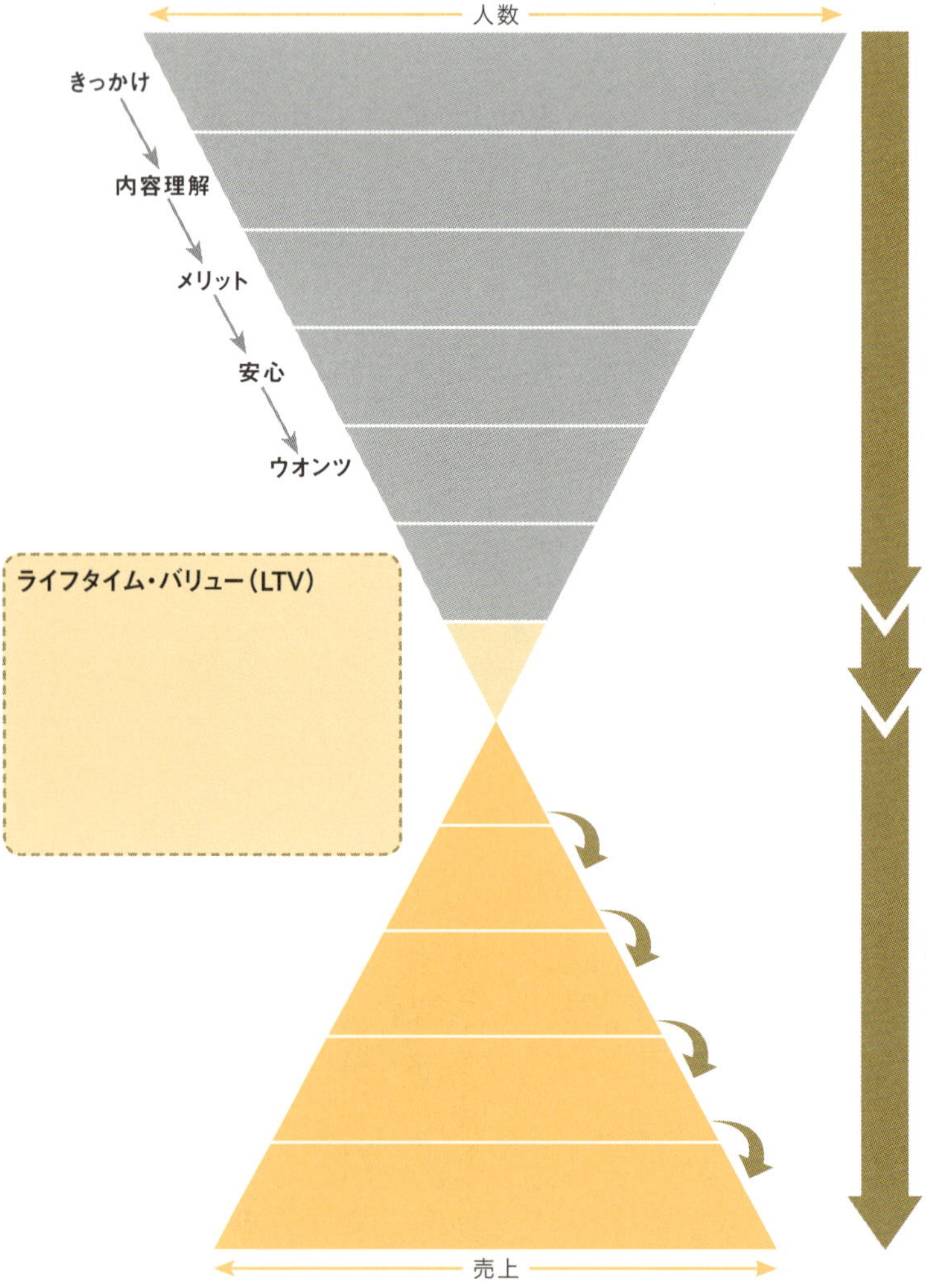

顧客獲得フローをつくる

ユーザーをヘビーユーザーにする流れを整理できたら、今度は潜在顧客をユーザーにしていく流れをさらに細かく考えていきましょう。その際に便利なのが、「顧客獲得フロー」です。これは、じょうごフローの作成で細分化していった「営業行動の流れ」に応じて、「顧客心理の流れ」を加え、各段階で必要な「具体的行動」と「使用ツール」を考えていきます。

ここでは、営業の一般的な例で説明します。営業活動では、「見込み客への訪問」「世間話ができる」「興味付け」「次回アポイントが取れる」「話を聞いてもらう」「(相手の)ニーズ・ウオンツを聞く」「(相手の)ニーズ・ウオンツをコントロールする」「欲しいと思わせる」「契約交渉」「契約」という流れが一般的です。

これに対して、顧客心理は、最初は「不安・不信」の状態ですが、徐々に「心を開く」ようになります。実際にはこちらが商品・サービスを売ろうとしているのですが、売り手はその商品・サービスのプロフェッショナルですから、顧客との関係が深まるにつれて、顧客心理を「売り手＝先生、買い手＝生徒」の関係にもっていくことが重

顧客獲得フロー

営業活動の流れ	具体的行動	使用ツール	顧客心理の動きと流れ
自己紹介、会社紹介	知り合い、友だちなどを訪問	名刺、パンフレット	安心
▼	▼	▼	▼
世間話ができる	世間話をする	世間話トーク（事前に用意）	心を開く
▼	▼	▼	▼
興味付け	商品についての概略を知らせる	相手を引きつけるキャッチコピー（ビラ）	関心を持つ
▼	▼	▼	▼
アポイントが取れる	相手の話を「聞く姿勢」にする	アポイントトーク（事前に準備）	関心がさらに高まる
▼	▼	▼	▼
話を聞いてもらうニーズ、ウオンツを聞く	相手の悩み、希望を聞き、必要としているものを明確にする	ヒアリング（聞く項目を事前にリストアップ）	欲求、悩みを聞いてほしい
▼	▼	▼	▼
相手のニーズ、ウオンツをコントロール	悩みの解決方法を提案し、解決後の実現イメージに導く	成功事例の紹介（事前に準備）	相手をプロだと思う。解決したくなる
▼	▼	▼	▼
欲しいと思わせる	相手のイメージを膨らませ実現欲求を高める	営業トーク（事前に準備）	実現イメージ、欲求が決まる
▼	▼	▼	▼
交渉	集金日の設定支払い条件の設定	契約書、口座振込書、領収書	欲求表現のために必要なものが決まる
▼	▼		▼
契約	契約書の作成		購入・実践

実際の営業の手順を示したのが「営業活動の流れ」、そのプロセスごとに顧客の心理がどう変化しているのかを示したのが「顧客心理の流れ」。

要ポイントです。

そうすると、自然に顧客のほうから「欲求、悩みを聞いてほしい」と持ちかけてくるようになっていき、自分の欲求や悩みをこちらが売ろうとしている商品・サービスで「解決したい」と考えるように傾いていきます。

そうなれば、営業の8割方は終了です。あとは、「顧客のなりたい理想」に合わせて必要な商品・サービスを決め、契約書にサインをしてもらうだけです。

この「営業活動の流れ」と「顧客心理の流れ」に即して、営業の「具体的な行動」と「使用するツール（あるいはトーク）」を決めていきます。

「気になる靴があったら臭ってみてください」

多くの営業担当者にとって、「顧客心理の流れ」で最初の難関になるのが、相手の心を開いてもらうことです。

たとえば、靴販売店で靴をながめていると、かなりの確率で店員から「気になっている商品があったら、試着してみてください」と言われます。しかし、多くの消費者はいきなりそう言われると、「試着したら売りつけられる」と思って警戒モードに入ってしまいます。

実は私も20代の頃、中国・九州地方に展開する靴販売チェーンで売り子をしていたことがあります。配属された店は近く閉店が決まっていたんですが、私が入って売上が大きく伸びたので、改装して存続することになりました。

その頃に私が使っていたトークが「気になる靴があったら、ぜひ臭ってみてください」というギャグでした。読者のみなさん、ドン引きしないでください。当時は結構、笑ってもらえたんですから。

その頃は、どうやったらお客さんが心を開いてくれるかよくわからなかったので、とにかくいろんなトークや行動を試しました。そして、試してみて成功したものを、自分のトークと行動のマニュアルにしていったのです。

行動でよく使ったのは、靴のから箱を積み上げておいて、来店客のそばでわざと倒すというテクニックです。私の独自の集計によると、約8割のお客さんがから箱を積み直すことを手伝ってくれます。「どうも、すみません、ありがとうございます！」とお礼を言いながら、「今、お仕事のお帰りですか？」などと世間話を振っていくと、とても自然に心理的な距離を縮めることができます。共同作業をすると仲良くなることは、みなさんも経験上、感じていらっしゃると思います。

先述のように、工務店の営業マン時代に、偶然、スーツではなく作業着で営業に行ったら、相手の迎え方がいつもより温かくなったと述べましたが、作業着姿が心を開いてもらうきっかけになったわけです。こうした細かいアイスブレイクのネタをたくさん持っていることが、営業成績向上のコツです。

最初に心を開いてもらう方法は、営業担当者が10人いれば10通りのやり方があるでしょう。それを個人任せにせずに、すべて文字に起こし、最も有効に機能するトークを数パターン選んでマニュアル化し、全員で使うようにしてください。

顧客の心に突き刺さるワードを絞り出す

営業活動に会社紹介や商品・サービス紹介のトークやパンフレットは不可欠です。しかし、残念ながら中小零細企業の場合、会社紹介や商品・サービス紹介のトークやパンフレットが本来の役割を果たせていないケースが多く見られます。

中小零細企業の場合、トークの内容は営業担当者に任せきりで、パンフレットのつくりもおざなり。しかも会社案内は情報が古いままになっていて現状を反映していないケースも少なくありません。

本来、会社紹介や商品・サービス紹介のトークやパンフレットは、顧客の心に突き刺さるような魅力的な言葉や、厳選されたキャッチフレーズで散りばめられていなくてはなりません。

それを実現するには、まず材料出しから始めます。量にしてA４の紙10枚分ぐらい。材料出しの際には、第６章の「売上倍増シート」を参考にしてください。ここにある49の質問に答えていくと、自社や自分たちの商品・サービスの強みや特長が明確になっていきます。

会社の歴史やその会社が属する業界についてなど、さまざまな質問が書いてあります。その答えを書いてみてください。なかなか書けない人は、インターネットで検索して、そこで出てきた内容を取捨選択してコピーしても構いません。とにかく量を出していくことが大事です。

次に、そこから「これを言ったら相手は欲しくなるよね」「これを言ったら信頼感

自社の商品・サービスの紹介文をつくる（300文字と500文字の例）

300字バージョン

日報ステーションは、中小零細企業専門のコンサルティング会社で、『書いても意味がない』と思われている日報を、企業やその人に合わせた日報に作り替えて、この日報が継続するように毎日返事を書いています。

この日報コンサルティングを受けた会社は、次々と成果が出ています。月商96万円から月商674万円になったオンライン生花販売店、月商35万円から月商1042万円になった弁護士事務所など業種業態にかかわらず、売上が倍増しています。このノウハウをまとめた代表中司祉岐の著書『なかづか日報』が2011年に発行され、その後、NHKやFM東京、雑誌プレジデント、雑誌商業界、日経BPムックなど、さまざまなメディアで話題になりました。

500字バージョン

日報ステーションは、中小零細企業専門のコンサルティング会社で、『書いても意味がない』と思われている日報を、企業やその人に合わせた日報に作り替え、この日報が継続するように毎日返事を書いています。

この日報コンサルティングを受けた会社は、次々と成果が出ています。たとえば、オンライン生花販売店が月商96万円から月商674万円になり、ハンギングバスケット（花の寄せ植え）では販売数、売上とも日本一に。工務店は月商1588万円が月商3740万円に。カレー屋さんは月商59万円が月商254万円に。弁護士事務所は月商35万円が月商1042万円に成長。また、このノウハウをまとめた代表中司祉岐の著書『なかづか日報』が2011年に出版され、その後、NHKやFM東京、雑誌プレジデント、日経BPムックなど、さまざまなメディアで話題になりました。

日報ステーションはクライアントの「克服したい弱点」「伸ばしたいスキル」に合わせて、日報フォーマットを提案します。そして、自分に合った日報を継続することで、ビジネススタイルが変わり成果につながるのです。また、日報が継続するようにクライアントの日報を丁寧に添削します。客観的な視点が入ることで、自分では気づかなかったことが明らかになり、なりたい姿にどんどん近づけます。

が増す」と思える内容をピックアップして、A4用紙2枚くらい集めてください。
これを参考に300文字ぐらいの文章をつくります。

いきなり300文字でつくるよりも、大量の情報を絞り込みエッセンスを凝縮させて文章をつくったほうが、説得力が圧倒的に増します。ちなみに、私の場合は、300文字、500文字、900文字と3通りの会社紹介文をつくっています。

営業する際にあまり時間がない時は300文字、少し余裕のあるときは900文字を使うという具合に、状況に応じて使い分けられるようにしています。

同じように、商品説明と自己紹介もつくってください。

同業他社との差はどこにあるのか

会社説明、商品説明、自己紹介では、同業他社との差をいかに言えるかが重要です。

たとえば、会社の歴史をちゃんと調べて、そのなかで売りになるものを紹介に入れこんでいくと他社との差になりやすい。同じような商品・サービスを売っている会社はありますが、歴史が一緒という会社はほかにありません。歴史が長い会社は、長年地域に貢献したことを強調すると信用になります。

私の場合、会社の歴史はまだ浅いので歴史は売りになりませんが、逆に若くて元気な会社であることをアピールできます。また、世の中にコンサルティング会社は多数ありますが、中小零細企業に専門特化したコンサルティング会社は非常に少ない。

一般的に、大手コンサルティング会社の場合、コンサルタント一人のコストは時給計算で30万円以上と言われています。だから、中小零細企業は蚊帳の外。相手にしないわけです。そのうえ、日報添削を業務のベースとしている会社はほかに聞いたことがありません。というわけで、私の場合は、他社との差を非常にアピールしやすい。ただ、そうしたメリットがある半面、日報コンサルというのは一般にはなじみのない業種なので、それがどんなサービスで、なぜそれが効果的なのかをかなり丁寧に説明する必要があります。

次ページに「自社の商品、自社、自分の魅力」のシートを用意しました。これを10分で書いていただき、その後、1週間にわたって毎日5分見直し、加筆・修正していってください。最初は、単語を記入するだけでも構いません。この「三つの魅力」が明確になると、営業力は大幅に上がっていきます。

会社、商品、自分の魅力を書き出そう

自社の商品・サービスの魅力

自社の魅力

自分の魅力

会社、商品、自分の魅力を書き出そう（ある看板製作会社の記入例）

自社の商品・サービスの魅力

「お客様の会社を必ず繁盛させる」をモットーに、看板製作のみならず、クライアントと二人三脚でプロモーションを考えている。実績としては、当社がデザインプロデュースに加わり岩国の特産品として販売された「岩国海軍飛空艇カレー」が30万食を突破した。また、太陽光発電装置を販売したいと独立した営業マンをプロデュースし、独立後1年で社員15人の会社になった。岩国国際空港の開港時には、ポスター・のぼり・うちわ・看板・バスラッピングを担当。

自社の魅力

会社のシンボルマークのデザインから、パンフレット、チラシ、看板、ユニフォーム、バスラッピングまでデザイン・施工ができる。創業は1981年、38年の実績があり、施工実績2000件超（納期遅れのクレームゼロ）。看板業界50年の熟練の職人である創業者が、今も現場で指揮を執る。デザインから看板製作まで自社で行うので、コストダウンと幅広い提案ができる。看板施工2人、グラフィックデザイン3人（うち1人はアニメクリエーター兼務）。LED、3Dの看板にも挑戦するなど、新技術にもすばやく対応できる。

自分の魅力

中国・九州地域で著名なデザイン・コンサルティング会社で4年間修行。その頃、20代ながら100社以上のメディアミックス、プロモーション、デザイン制作などに携わる。クライアント企業の経営戦略を徹底的に分析し、プロモーション全体の骨格づくりや企業活性化まで視野に入れてトータルにデザインを提案するマルチ・デザイニスト。その姿勢が、クライアントの多くから「自分たちの事業のことをとことん深く理解してデザインしてもらえるので心強い」と好評を得ている。

魅力的なキャッチコピーのつくり方

山口市にミホリグループという飲食チェーンがあります。一言で言うとうどん屋さんです。この会社が、から揚げの素を売り出しました。うどん店で販売していた鶏のから揚げが好評だったので、から揚げの素を別途販売することにしたのです。この商品は、「魚介類、海老の成分を抽出し、ジンジャー、ガーリック、オニオン、砂糖、塩、澱粉などの山海の珍味をブレンドした調味料」という特徴があり、スーパーマーケットなどでは買えないオリジナリティーがあります。このから揚げの素を最初に売り出した時のキャッチコピーが、「山口で2億個食された唐揚げの素」でした。

「億」という単位を聞くと、誰でも「すごい」「それだけ多くの人が食べたのなら間違いない」と思うはずです。このように実績を数字で出すと説得力が増します。また、地域や商品分野を絞って「〇〇でナンバーワン」とうたうのも効果的です。

客単価をアップさせる

次に、既存顧客に対する営業強化法を考えていきましょう。

営業のアプローチは、ターゲット客には「タッチ」、見込み客には「キャッチ」、ユーザーには「フォロー」でしたね。

フォローを強化する目的は、リピート回数と客単価のアップです。そのために何をしていったらいいのか。

リピートを促せる最大のチャンスはいつかというと、その前に商品・サービスを買ったときです。ある商品・サービスを売って満足するのではなく、別の商品・サービスの情報を渡したり、サービス業であれば次回の予約を取る。これが大切です。

私のクライアントには、理髪店や美容室の経営者もいます。この人たちに勧めているのは、お客さんの教育です。たとえば、2カ月に1回、髪のカットをしている男性がいます。その人を1カ月に1回、カットに来てもらうようにしたら、売上は2倍になります。それを実現するためには、カットは最低でも月に1回するものだとお客さんを教育すればいいわけです。

たとえば、カット直後と1カ月後、2カ月後で、髪型がどのくらい崩れるのかを示す写真を用意して説明したり、目につきやすいところにポスターにして貼るといいでしょう。

買い方は売り手が設計する

流行や買い方はお客様が決めると一般には思われていますが、実際にはそうではなく、買い方というのは売り手側が設計して、お客様を教育していく必要があります。

私のクライアントにエステティックサロンの経営者がいます。そこでは、来店客に高額の化粧品を売るのは当たり前で、さらにひと工夫しています。それは、販売した化粧品の使用量を増やすことです。

たとえば、ある乳液の使用量は通常3プッシュなのですが、この会社ではその倍の6プッシュをお客様に勧めて、「首やデコルテ（首の周辺）まで塗ってください」と伝えています。お客様も「首までケアできる」と満足し、それによって化粧品は2倍売れていく。つまり、使い方のスタンダードはお店がつくっているわけです。

洋服などの買い替えのタイミングも店側がつくります。来店客に対して、「このタイミングで買い替えるべきです」とさりげなく言い続けましょう。クルマのタイヤを買い替えるタイミングも店側が決めて、電話やハガキなどでちゃんと発信します。家の壁を塗り替えるタイミングにもスタンダードは存在しません。店側のスタンダードをお客さんのスタンダードにしていくわけです。逆に言えば、お客様にスタンダードは存在しないということです。

ただし、こちらのスタンダードをお客様に納得してもらうための説得材料（「首までケアできる」「走行距離とゴムの劣化の状況」「ペンキの経年劣化の状況」など）は必要です。それをそろえたうえで、お客様を教育していってください。

第5章

中小零細企業の2大弱点を克服する(2)

利益を出すための財務分析

ほとんどの中小零細企業の経営者は、財務に苦手意識を持っています。経営数字のことを聞くと、「うちは税理士さんに任せていますから」と言う経営者も少なくありません。

その理由は、「専門用語が多く、難しそうでよくわからないから」です。これが少しわかるようになったら、英語学習といっしょで楽しくなってきます。

なぜ楽しくなるかと言うと、財務や会計がわかるようになってくると、利益がもっと出るようになるからです。

経営者というのは普通の人が嫌いなことを好きじゃないといけない、そうでないといい経営者にはなれないと私は思っています。事業アイデアにしても、普通の人が大変だと思うことを代わりにやるから事業として成立するわけです。

資金繰りに興奮する人が、会社の建て直しを任されてうまくいく。真のリーダーは、部下のミスに怒るのではなく、「私の出番が来た」と興奮しないといけない。

ミスをした部下は誰かに頼りたいわけです。そんな時に「こんなミスしやがって」と突き放したら、ついていきたくなくなります。みんなが嫌と感じることを、経営者やリーダーはポジティブに受け止めないといけないわけです。

まず六つの数字を押さえる

ただ、そうは言いながら、財務や会計がもともと苦手だと、いきなり高度なことをやろうとしてもできません。

そこで本章では、中小零細企業経営者が最低限知っておくべき財務の常識について解説していきます。超初心者向けですので、財務に自信のある方は読み飛ばしていただいて構いません。

経営者が最低限押さえておかなければならない数字は、次の六つです。

- **売上高**
- **粗利**
- **利益**
- **変動費**
- **固定費**
- **人件費**

少なくともこの六つの数字を押さえておけば、経営の大枠を数字でつかむことができます。

売上高というのは、文字通り、ある商品やサービスの一定期間内の売上の総額です。売上を実現するには、原材料費や人件費など、さまざまな経費がかかります。この経費は、変動費と固定費の2種類に分かれます。

変動費は、売上の増加に比例して増える経費のことで、原材料費や外注費などがこれに当たります。

固定費は、売上の増減に関係なく一定額かかる人件費などの費用のことです。

実は、同じような経費でも業種によって、固定費になったり、変動費になったりするものがあります。たとえば、トラック運送業では、輸送距離が2倍になればガソリン代も倍増するので、ガソリン代は変動費になりますが、一般の企業ではガソリン代は固定費です。電気を大量に消費してモノを製造する工場では、電気代は変動費ですが、サービス業のオフィスの電気代は固定費です。

このように業種によって、固定費と変動費の区分けが変わりますので、みなさんの

売上高と変動費、固定費、利益との関係
（月商100万円の企業の例）

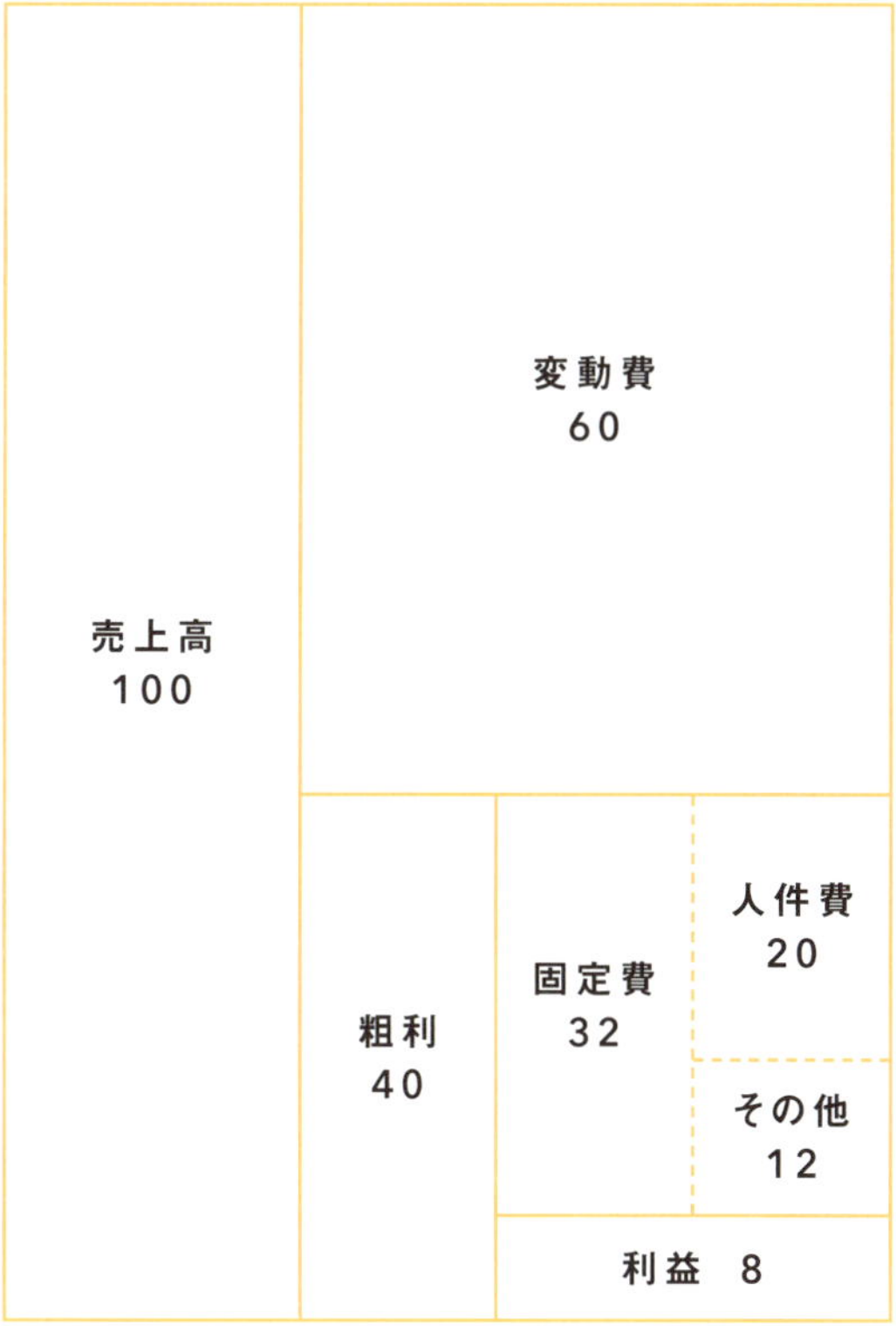

※単位は万円

会社で何が固定費で、何が変動費に当たるのか、顧問の税理士さんに聞いてみてください。

損益分岐点より高い売上をめざす

次に出てくるのが粗利です。粗利は、売上高から変動費を引いて出てきます。

粗利＝売上高－変動費
粗利率＝粗利÷売上高

粗利が固定費よりも大きければ、その差が利益になります。粗利と固定費が同額であれば、利益はゼロです。利益がちょうどゼロとなる売上高のことを損益分岐点売上高と呼びます。ここからわかるのは、「経営というのは、粗利で固定費を回収する営みである」ということです。

ですから、経営者は、損益分岐点よりも上の売上高をめざす必要があります。

粗利と固定費、利益との関係				
粗利	<	固定費	→	赤字
粗利	=	固定費	→	この時の売上高が損益分岐点売上高
粗利	>	固定費	→	黒字

なお、損益分岐点売上高は、次の式によって算出することができます。

損益分岐点売上高＝固定費÷粗利率

217ページに例示した会社を当てはめてみると、

32÷0・4

という式になり、損益分岐点売上高は、80万円と算出できます。

多くの中小零細企業の場合、固定費で最も大きな比率を占めるのは人件費です。人件費は、給与・賞与・手当・福利厚生費など「人」に関わる費用のことです。

これら六つの数字がわかるだけで、さまざまな

経営シミュレーションをすることができ、なかには意外な結果がわかることもあります。たとえば217ページの企業例で

Q　粗利率が1％改善したら、利益は何％上がるか？

売上高は100万円のままとすると、変動費59万円、固定費32万円になるので、利益が1万円増えて9万円になり、12・5％アップ。

つまり、粗利率が1パーセント上がれば、利益は1割以上も上がります。変動費を見直して、コストを削っていくと、利益に大きな貢献があります。

Q　10万円の広告費を使うためには、1個5000円の商品を何個以上売ればいいか？（前提条件：商品の粗利率40％、広告費は固定費とする）

答えは次ページの図の通り。50個（25万円分）以上を売り上げる必要があります。

10万円の広告費をかけるのであれば、当然10万円以上の売上アップが欠かせませんが、では具体的にいくら以上の売上アップが必要なのかと聞かれると、答えられない人が多いと思います。そのメドを考える際に、このシミュレーションは役に立ちます。

商品1個の粗利2000円（5000円×40％）で、広告費10万円を回収するには、

10万円の広告費をまかなう売上個数は?

広告費10万円÷(単価5000円×粗利率40%)

＝ 50個(売上25万円)

何個売らないといけないだろうか、と考えていきます。

経費の内訳を見ていく

結局、企業経営で利益を出すためには、売上を増やすか、コストを削るかの二者択一になっていることがわかると思います。なので、最低限、売上高、変動費、固定費の三つの数字を押さえておくと、どんぶり勘定から少しだけ脱皮することができます。

売上高を伸ばす方法は、前章まででたくさん見てきました。財務に興味を持ったのなら、ぜひ売上高、変動費、固定費の内訳に目を向けてみてください。

私の会社の場合、売上は「(コンサルタントごとの)契約売上」「フランチャイズ研修・加盟金売上」「セミナー会費売上」「フランチャイズ売上」など、支出は人件費のほか、「外注費（広告デザイン）」「広告宣伝費」「コピー機のリース・保守費」「事務用品」「水道光熱費」「旅費交通費」「接待交際費」「通信費」「租税公課」「セミナー会場費」「保険料」「家賃・駐車場代」「税理士・社労士への支払い」などに細分化して、毎月の数字をチェックしています。

ざっくり月次採算表で経営数字をチェック

会社全体の業績だけではなく、私の会社は事務員を除いて全社員がコンサルタントなので、一人ひとりの売上がわかるように毎月データを出しています。

複数の店や事務所があるならば、店ごとあるいは拠点ごとに毎月データをまとめます。この数字をまとめた表を私の会社では「ざっくり月次採算表」と名付けています。その名の通り経営に必要な数字をざっくりつかむための表です。

ちなみにその表はこんな感じです（数字は少し変えています）。

ざっくり月次採算表を毎月作成してぜひ活用していただきたいのですが、その作成方法については後述します。

ざっくり月次採算表の記入例
（日報ステーションの例）

	内訳	2017年3月	4月	5月	6月
売上	コンサルタントA	1,066,200	945,600	885,600	1,085,200
	コンサルタントB	1,048,320	1,041,760	1,127,400	1,081,560
	コンサルタントC（新人）	663,120	732,520	721,560	627,400
	コンサルタントD（新人）	363,400	363,600	447,752	433,000
	FC売上計	2,028,703	1,962,196	2,593,796	2,306,798
	FC研修費・加盟金	1,350,000	5,220,000	1,169,800	640,000
	セミナー会費	69,000	236,000	13,000	320,000
	懇親会費	5,000	55,000	0	130,000
	書籍売上	0	12,172	0	3,132
	講師料	108,000	30,780	54,000	270,000
	雑収入	0	183,490	0	38,880
	その他	21,464	0	7,560	0
	売上合計	**6,723,207**	**10,783,118**	**7,020,468**	**6,935,970**
支出	人件費	1,032,542	1,093,321	1,161,018	1,294,433
	FC払い戻し	1,453,783	1,559,712	1,482,820	1,871,796
	税理士	29,337	29,337	195,580	29,337
	社労士	10,800	10,800	10,800	10,800
	外注費　デザイン	719,925	739,204	999,346	1,021,761
	家賃・駐車場	255,400	255,400	264,040	259,720
	水道光熱費	48,054	57,755	40,205	36,958
	通信費	48,698	60,177	67,051	63,173
	保険	378,446	378,301	415,741	415,741
	租税公課	0	1,788,597	54,500	387,029
	旅費交通費（ガソリンなど）	26,675	48,732	158,208	35,337
	警備会社	6,264	9,504	6,264	6,264
	会費	5,400	27,600	5,400	18,900
	セミナー会場費	74,537	51,210	70,267	24,600
	広告宣伝費	32,400	18,400	44,000	8,100
	コピー機のリース・保守費	14,040	24,243	211,680	30,235
	セミナー懇親会	0	46,000	0	124,000
	セミナー司会・講師の招聘	162,000	0	162,000	166,038
	接待交際費	28,550	16,479	245,346	234,513
	福利厚生費	17,193	64,759	7,474	93,160
	事務用品・消耗品	11,082	16,674	21,001	15,797
	雑費	27,403	20,470	14,634	15,982
	書籍購入	0	33,480	0	0
	その他	591,000	1,185,000	105,000	1,101,000
	支出合計	**4,973,529**	**7,535,155**	**5,742,375**	**7,264,674**
利益	**売上-支出**	**1,749,678**	**3,247,963**	**1,278,093**	**▲ 328,704**
	消費税（概算）	196,786	338,875	115,755	154,907
	利益	**1,552,892**	**2,909,088**	**1,162,338**	**▲ 483,611**

返済	月々の借入金返済（○○銀行）	184,332	184,949	184,782	184,240
	残高	12,590,000	12,417,000	12,244,000	12,071,000

現金	メイン口座	1,535,441	1,695,335	1,610,050	1,229,750
	A銀行口座	10,670,899	15,711,549	16,366,130	16,687,983
	FC口座	1,460,091	955,855	1,446,763	760,668
	貯金口座	2,907,988	1,119,391	1,319,391	1,519,391
	金庫	96,933	100,000	259,027	477,319
	現金合計	**16,671,352**	**19,582,130**	**21,001,361**	**20,675,111**

※翌5日残高

この「ざっくり月次採算表」では、売上、支出、利益だけでなく、現金や借入金返済・残高もチェックします（作成方法は後述します）。在庫が多かったり、回収できていない売掛金が多いと決算は黒字でも手元に現金がないという状況が起こります。しっかりと現金の流れを見ていけば、資金ショートを避けることができます。

こうしたデータは、スピードが大事です。いくら丁寧に数字を出したとしても、半年前の数字が出てきたら役には立ちません。少なくとも、前月が終わったら、1週間以内にざっくり月次採算表の形で数字がまとまっているようにしたいものです。

お金に強い経営者になろう

自分の事業の成績を数字できちんと把握することが、中小零細企業の経営ではものすごく大事です。せっかく努力をして仕事をするなら、利益の出る仕事をしたいですよね。そのためには、自分の事業の成績をできるだけリアルタイムで把握して、ムダな費用を削り、必要な部分に回していくやり繰りが必要です。このやり繰りこそ、経営であり、その基礎となるのが管理会計です。

管理会計という言葉を聞いたことはありますか。

会計というと、通常は財務会計や税務会計のことを指します。財務会計とは、外部の利害関係者に対して、自社の資産の状況や事業の成績を国内・国際ルールに従って開示したもの、税務会計は企業が税金を納めるために税法などに従って計算する会計のことです。

財務会計は、企業の概要をつかむのには役立ちますが、部門別や商品別の細かな数字にはなっていないので、経営者が日々の経営に活用しようとする場合にはかなり不便です。そこで、財務会計の数字を細分化したり、新たにグループ分けして経営者の使いやすいように組み直して算出したのが管理会計です（税務会計は企業が支払う税額を計算するための会計で、節税を考える際には役立ちますが、日々の経営を数字で捉えるためには向いていません）。

一言で言えば、経営者が見たい数字を見られるようにするのが管理会計ということです。

たとえば、私の会社のようなコンサルタント業では、社長の私はコンサルタントが毎月どれだけの経費を使って、いくら売り上げ、いくら利益を出しているかを毎月チェックしたいわけです。

そこで、コンサルタントの個人別成績を集計した月次の採算表を、翌月の第1週中に作成しています。

売上を最大にして、経費を最小にする

月次採算表の数字をチェックする際に覚えておいてほしいのは、次の二つの言葉です。

- **売上最大、経費最小（京セラ創業者の稲盛和夫氏の言葉）**
- **入るを量りて、出ずるを制す（中国『礼記』）**

「売上最大、経費最小」は京セラ創業者の稲盛和夫さんがよく言われている金言で、「経営とはいかに売上を大きくして、いかに経費を抑えるかである」ということを意味します。「売上最大、経費最小」と唱えながら、自社の経営数字を見直してみてく

ださい。

「入るを量りて、出ずるを制す」のほうは、中国の儒学書『礼記』に書かれている言葉で、「収入をしっかり計算して、それに見合った支出をしなさい」という戒めです。これぞ、まさにどんぶり勘定を脱して管理会計を行う目的であり、肝に銘じておいていただきたい言葉です。

ざっくり月次採算表のつくり方

さてここから、ざっくり月次採算表のつくり方について見ていきます。

一口に売上や経費と言っても、どの時点で売上や経費を把握するかを決めておかないと、あとで混乱を来すことになります。昔ながらの八百屋さんや魚屋さんなどの消費者向けの現金商売であれば、取引と入金が同時なので混乱は起きませんが、いわゆるビー・トゥー・ビー（B to B）と呼ばれる法人向けビジネスでは、契約の1～2カ月後に入金というケースがよくあります。そのため、売上を量るタイミングとしては、契約ベースと入金ベースの二つの方法が考えられます。

私がお勧めするのは、契約ベースでの把握です。その理由は、事業の実態を数字でなるべく早く把握したいからです。

また、その契約（売上）を獲るためにかかった経費は、契約が成立した月に計上します。それによって、その契約（売上）がもたらす利益の額がはっきりします。

私の会社の場合、コンサルタント業なので、これを個人別に把握します。住宅販売や保険販売などの営業系の会社も、このように個人別（営業担当者別）に売上と経費を把握し、必要に応じて部署別や営業所別に集計するのがよいでしょう。アパレルや靴販売などの販売員が主体の物販店も同様です。

一方、飲食店の場合は、それぞれの店舗でメニュー別に昼（ランチ）と夜（ディナー）に分けて把握することを勧めています。すべてのメニューを個々に把握すると大変なので、ドリンク、フード、デザートなどに分類して集計し、主力メニューや新作のメニューなど人気の動向を常に把握しておきたいものは、個別に集計していきます。

経費の把握でよく問題になるのが、経理・総務など管理部門の事務員（利益を出さない部署）の人件費や、事務所の家賃などのいわゆる共通経費をどう割り振るかです。これに対する正解というのはありません。均等に割る、売上や利益に比例して割るなど、まずは暫定的にルールを決めて始めてみて、実態に合わせて調整していくのがいいと私は考えます。

黒字倒産を避けるため現預金残高をチェック

さて、売上高と経費を把握することの重要性を説明してきましたが、もう一つ、非常に大事なことがあります。それは、お金の把握です。

その会社にとって支払いの多い日（たとえば、月末）があると思いますので、その日から少し落ち着いた5日後（たとえば、毎月5日）を「現預金残高チェック日」と決めて、お金をいくら持っているか（現金・預金残高）を集計し、ざっくり月次採算表に記入します。

一般的に中小零細企業は、会社の金庫にある現金のほか、銀行口座を支払い用と入金用に分けている（消費税の支払いのために、口座を分けて消費者から預かった税金をキープしているケースもよくあります）ので、これらの通帳を合計して足せば、その時点でどれだけお金を持っているかがわかります。

さらに、1カ月間の実際の出金額と入金額を把握します。事業に関わる出入金を営業収支、借入金返済や金利収入など事業に直接関係ない収支を財務収支と言います。営業収支と財務収支に分けて、数字を把握していきます。

財務収支の借入金に関しては、返済金額だけでなく借入残高も金融機関別に記録しておくとよいでしょう。

ここまでをまとめると、ざっくり月次採算表で売上高と経費を把握し、その一方で、ある一時点での借入金返済額と残高、金庫のお金、通帳の金額、そしてトータルの金額を調べて、記入することを勧めています。

6カ月分の運転資金を持っておく

こうしてざっくり月次採算表をつけていると、会社を運営するのに1カ月でどのくらいの資金が必要なのかが見えてきます。たとえば、1カ月で200万円の経費がかかるとしたら、その6カ月分に当たる1200万円くらいの運転資金は持っておきたいところです。

なぜなら、それだけの余裕があれば、もし会社の売上高が半減しても、経営を立て直すまでの猶予期間が長く取れるからです。理論的には、売上ゼロでも半年は会社をやっていけるわけです。

逆に、運転資金に余裕がないと、売上が急に伸びたときに資金が足りなくなり、黒字倒産する恐れもあります。売上高が伸びると原材料などの変動費も増えます。それらの費用の支払いが先になり、商品販売の入金が後になると、運転資金が枯渇しがちになります。

このような入出金のギャップを起こさないためにも、毎月、出入金の額、借入返済額をチェックすることが欠かせません。

これに慣れてきたら、少し先までの入出金を予測して、資金収支のバランスをコントロールできるようになっていきます。そこまで来たら、財務の初心者マークを返上できます。

次ページ以降に「ざっくり月次採算表」の例を紹介しますので、ぜひ参考にしてください。

ざっくり月次採算表の例
（営業系企業、飲食店、ネットショップ）

ざっくり月次採算表（営業系企業）　　　　　年

	内訳	4月	5月	6月	7月	8月	9月	10月	11
売上	Aさん								
	Bさん								
	Cさん								
	Dさん								
	Eさん								
	Fさん								
	Gさん								
	Eさん								
	雑収入								
	売上合計								
支出	仕入れ　A社より								
	仕入れ　B社より								
	仕入れ　C社より								
	仕入れ								
	人件費								
	保険								
	広告宣伝費								
	HP/デザイン								
	コンサルティング費								
	紹介料								
	催事会場費								
	システム								
	税理士								
	社労士								
	家賃								
	水道光熱費								
	通信費								
	旅費交通費（ガソリン代）								
	セキュリティー（アルソック）								
	会費								
	消耗品費								
	交際費								
	福利厚生費								
	コピー機のリース・保守費								
	雑費								
	書籍購入								
	その他								
	支出合計								
利益	**売上-支出**								
	消費税								
	利益								

返済	月々の借入金返済								
	残高								

現金	メイン口座								
	A銀行口座								
	B銀行口座								
	貯金口座								
	金庫								
	現金合計								

※翌5日残高

ざっくり月次採算表（ネットショップ）　年

	内訳	4月	5
売上	実店舗		
	WEB店舗		
	楽天shop		
	yahoo shop		
	Amazon shop		
	その他		
	雑収入		
	売上合計		
支出	仕入れ　A社より		
	仕入れ　B社より		
	仕入れ　C社より		
	仕入れ		
	包材		
	ゆうパック送料		
	ヤマト送料		
	佐川送料		
	役員報酬		
	社員　人件費		
	パート　人件費		
	保険		
	実店舗広告費		
	看板代		
	WEB店舗　PPC広告費		
	楽天shop　広告費		
	HP修繕費		
	チラシデザイン		
	コンサルティング費		
	システム		
	税理士		
	社労士		
	家賃		
	水道光熱費		
	通信費		
	旅費交通費		
	セキュリティー（アルソック）		
	会費		
	消耗品費		
	交際費		
	福利厚生費		
	コピー機のリース・保守費		
	雑費		
	書籍購入		
	その他		
	支出合計		
利益	**売上-支出**		
	消費税		
	残高		

返済	月々の借入金返済		
	残高		

現金	メイン口座		
	A銀行口座		
	B銀行口座		
	貯金口座		
	金庫		
	現金合計		

※翌5日残高

ざっくり月次採算表（飲食店）　年

	内訳	4月	5
売上	ランチ		
	ディナー		
	宴会		
	その他		
	売上合計		
支出	仕入れ　A社より		
	仕入れ　B社より		
	仕入れ　C社より		
	仕入れ		
	役員報酬		
	社員　人件費		
	パート　人件費		
	保険		
	媒体Aの広告費		
	媒体Bの広告費		
	媒体Cの広告費		
	看板代		
	その他広告費		
	HP修繕費		
	チラシデザイン		
	コンサルティング費		
	POSシステム		
	USEN		
	掃除用具・マット		
	おしぼり		
	税理士		
	社労士		
	家賃		
	水道光熱費		
	通信費		
	旅費交通費		
	新聞図書費		
	修繕費（リフォーム）		
	消耗品費		
	交際費		
	福利厚生費		
	コピー機のリース・保守費		
	雑費		
	その他		
	支出合計		
利益	**売上-支出**		
	消費税		
	利益		

返済	月々の借入金返済		
	残高		

現金	メイン口座		
	A銀行口座		
	B銀行口座		
	貯金口座		
	金庫		
	現金合計		

※翌5日残高

第6章

会社を180度変える!

質問に答えるだけ売上倍増シート活用術

商品やサービスが、なかなか売れない時代と言われています。

しかし、世の中を見回すと、どんな業種の中にも売上、利益を伸ばしている会社があります。そうした会社は何が違うのでしょうか。

誰にも真似できない「とんでもなくすごいこと」をやっている中小零細企業も確かにあります。けれども業績を伸ばしている中小零細企業の多くは、当たり前のことを徹底し、常に試行錯誤を重ねて改善を続けている。そういう会社が伸びているのです。

売る人（企業）がお客様を誘導できる売り手市場の時代は終わりました。今はお客様が企業や商品・サービスを選ぶ、買い手市場の時代です。

では、お客様は何を基準に買う店、会社を選ぶのでしょうか。

それは「商品」「サービス」「接客」の三つです。

現在は、この三つのうちの一つのレベルが下がるだけで、価格交渉になってしまいます。それはなぜか。商品は同じようなものがたくさんあるからです。

そんな状況の中で商品を買ってもらうには、「ほかではなく、あなたのお店、会社で買いたい」とお客様に思っていただけるようになる必要があります。

49の質問に答えるだけで改善策が見えてくる

そこで本章では、さまざまな質問に答えるだけで「商品」「サービス」「接客」を見直すことができる「売上倍増シート」を使って、経営を改善する方法を紹介します。

まずは「商品」についての見直しです。

質問だけだと答えのイメージがわかないと思うので、私たちのクライアント（宅配型のふとんクリーニング店）の回答例をつけました。質問は全部で49個です。時間はかかっても構わないので、次ページ以降のすべての質問に回答してみてください。

商品の見直し

Q1

商品名（サービス名）は何ですか？

（記入例）宅配型ふとんクリーニング

A 商品力（品質の見直し）

Q2

なぜその商品を扱おうと思ったのか？

（オリジナル商品の場合はなぜそれをつくったのか？）

（記入例）提供業者からの外注受託によるふとん丸洗いを手がけていたが薄利が続いたため、9年前に自社ブランドを立ち上げ、お客様と直接取引を始めた。ダイレクトな声を聞いてサービス向上に生かすことと利益確保が目的。

Q3 商品がつくられる過程、工程を書いてください。

（記入例）お客様からの依頼後、ふとん袋や申込書類の入った『宅配キット』を送付。お客様はそれに従って、ふとんを当社に送付。検品、洗剤塗布、クリーニング、乾燥、仕上げ検品などを経て、お客様に発送。

Q4

商品の外見的内容（見た目）を書いてください。

（記入例）ロゴマークを作成し、ホームページだけでなく、ふとん袋やサービス紹介チラシにも展開。

Q5

商品の中身（品質）を書いてください。

（記入例）ふとんの中に充填されているわた類の汚れをほぼ確実に洗い落とすことができる。ダニの除去率は95％以上。

Q6

あなたの商品が信頼できる理由を書いてください。

（記入例）ふとん丸洗い大手企業の技術・工程を基本に、それを進化させて活用している。

Q7

商品の長所、特長を書いてください。

（記入例）水性の汚れは確実に落とせるので、肌に触れたとき「気持ちいい」という感触が伝えられる。中綿の汚れも取り除けるので「ほこりっぽさ」を除去できる。

Q8 商品の短所、悪いところを書いてください。

（記入例）ビフォーアフターで見た目があまり変わらないので、「本当に洗ったのか」と疑われることもある。衣類と比べて乾燥工程が多く、納期に時間がかかる（早くて3日、遅くて10日）。

Bブランディング（商品のイメージ）

次にブランディング（商品のイメージ）をチェックします。あなたが提供している商品やサービスをお客様にどう思ってほしいか。自分たちが商品・サービスに込めた思いと、お客様が持つイメージとのギャップがあるかどうか、もしあるならそれをどう埋めていくかを考えていきます。

Q9 商品の歴史（類似商品や業界の歴史）を調べて書いてください。

（記入例）もともと「ふとん」に「洗う」習慣はなく「打ち直す」ものだった。「羽毛ふとん」も当初は「洗浄不可」となっていた。平成に入ってから、独自のシステムでふとんクリーニングが出現しはじめたが、洗浄方式については現在でも試行錯誤が続いている。

Q10 あなたの商品は誰がつくっていますか？魅力が伝わるように書いてください。

（記入例）50代の工場長を筆頭に少数精鋭の職人（事務員を含め7人のチーム）が、日々プロの技で品質にこだわり丁寧に作業している。

Q 11

あなたの商品はどのような思いで生み出されたのか書いてください。

（記入例）１日の三分の一はふとんの中ですごしている。下着は洗うのに、どうしてふとんは洗わないのか。ふとんが清潔になると、人生の三分の一の時間が快適になり、睡眠の質も高くなる。

Q 12

お客様があなたの商品にどのようなイメージを持ってほしいですか？

（記入例）「ふとんって洗えるんだ」「クリーニングしたふとんは気持ちよさそう」「ふとんもクリーニングしたほうがいいね」

Q13

お客様があなたの商品を見たとき、どのように思ってほしいですか？

（記入例）「クリーニングに出す前よりきれいになった」「早速これで寝てみたい」

Q14

お客様があなたの商品を使って、どんな反応をしてほしいですか？

（記入例）「クリーニングに出してよかった」「また利用したい」

C マーケティングリサーチ・市場分析

ここから質問は核心に入っていきます。商品やサービスが売れるかどうかは、顧客ターゲットの絞り込みや市場環境の分析（特に競合分析）が欠かせません。この二つをターゲティングとポジショニング（他社との「差別化」）と言います。次の四つの質問を通じて考えてみてください。

Q15 あなたの商品を買う人はどのような人ですか？

（記入例）30〜50歳女性（主婦）と17〜18歳の一人暮らしを始める学生が中心。

Q16

これからあなたの商品を買ってほしい人（ターゲット）はどのような人ですか？

（記入例）毎日疲れている30～50歳の単身赴任の会社員。

Q17

あなたのターゲットは、なぜあなたからではなく他社の商品を買うのですか？

（記入例）ふとんが洗えると思っていない。当社のことを知らない。クリーニング価格が高い。

Q18

あなたの商品を取り巻く環境を書いてください。

（記入例）２０１８年の宅配会社の運賃値上げ（従来の３～５倍）で、サービス価格を引き上げざるをえなくなり（従来の１・７～１・８倍）、定期的に利用していただいていたお客様の半数が利用を中止した。値上げに対する理解が得られなかった。

D 価値の刷り込み方・見せ方

他社との差別化を実現するには、自社の商品・サービスが顧客に提供できる価値や意味について、顧客の立場で深く考え、それを営業トークや商品説明のパンフレット、広告コピーなどで明確に伝えていく必要があります。そのためには、顧客アンケートなどを定期的にとることをお勧めします。

Q19 ターゲットに対してあなたの商品が喜ばれる理由を書いてください。

（記入例）トラブルがほとんどなく、安心してクリーニングに出せる。シーズンオフにふとんを預かる「保管サービス」やお返し時にふとんを圧縮する有料付帯サービスも支持されている。

Q20 どうすればQ12に書いたイメージを持ってもらえますか？

（記入例）ふとんクリーニングの必要性とメリットをもっとアピールする。一度試してもらうための機会をつくる。

Q21 どうすればQ13に書いた印象を持ってもらえますか？

（記入例）慢心せずに品質を維持して、安心と信頼を得ていく。従業員にお客様の声を伝え、この事業への誇りと必要性を自覚してもらう。

Q22 どうすればQ14に書いた反応をしてもらえますか？

（記入例）電話の応対品質を上げる。職人が実際に作業していることを伝え、「安心できるからまた頼もう」と思ってもらえるようにしていく。

Q23 どのようにQ7に書いた長所を表現しますか？

（記入例）「洗うと実感！　気持ちよさ！」「快適な睡眠のために、あなたのおふとんを清潔にします」「寝る前に鼻がむずむずしませんか？　それ、解決できるかも？」

Q24 どのようにQ8に書いた短所を長所に変える、もしくは隠して表現しますか？

（記入例）「目には見えないほこり、汚れ、アレルギー物質を洗い流します」「数十年前のおふとんでも、丹精込めて洗います！」「職人が丹精込めて洗う、だから少々お時間をいただいています」

Q25

これまで書いてきたことを踏まえて、あなたの商品のキャッチフレーズを10個書いてください。

（記入例）「洗えば実感できる気持ちよさ」「おふとんを清潔にすれば心地いい」「その睡眠もったいない！」「洗えばもっと気持ちよく寝られる」「見えないけれど確かにある中汚れ、しっかり洗い落とします」

サービスの見直し

E 顧客サービス

以降は「サービスの見直し」に関しての質問です。

「顧客サービス」「サービスシステム」「ターゲットに対しての宣伝」「接客・営業」の四つの観点から深掘りしていきます。これまで答えてきたことも踏まえて、できるだけ詳しく回答してみてください。

Q26

満足してもらうために、やってはいけないことを書いてください。

（記入例）お預かり品の工場内事故（破れ、綿より、紛失など）、乾燥不良による臭い、発送ミス。

Q27

満足してもらうためにやっていることを書いてください。

（記入例）お客様に判断してもらわなければならない処理がある場合、メール・電話で連絡して必ず承認をもらう。サンクスレターの同梱。血液汚れをほぼ確実に除去。返送時の宅配便送り状番号の通知。

Q
28

満足してもらうために、やらなくてはいけないこと、やりたいことを書いてください。

（記入例）運賃値上げへの対策（価格交渉や別の事業者への変更）。

Q
29

お客様について知りたい情報を書いてください
（できるだけ多く、重要順位をつけてください）

（記入例）1「ふとんクリーニングに興味があるか」、2「なぜ興味を持ったのか」、3「ふとんクリーニングを意識したきっかけは」、4「（ふとんクリーニングをするとしたら）店を選ぶ基準は」、5「（ふとんクリーニングをするとしたら）品質のどこを重視するか」

Q30

お客様の個人情報はどのように活用していますか？活用したいですか？

（記入例）現時点では活用できていない。今後したいのは、次回クリーニングの案内、クリーニングの必要性やメリットを伝えるレターの送付、サービスに対する満足度のアンケート。

Fサービスシステム

Q31

受注から集金までの流れを書いてください。

（記入例）受注、ふとん袋などを同封した宅配キット送付、お客様が配送業者に集荷依頼、工場に到着、クリーニング、梱包・発送、お客様にお届け。集金は、クレジットカード払いなら専用サイトで受注後に、代引き決済は宅配キット送付時に。

Q32
料金メニューはありますか？
□YES　□NO

Q33
料金メニューはコンセプトに合っていますか？
□YES　□NO

Q34
お客様にとってどのようなお得なサービスがありますか？

（記入例）自社サイトで利用可能なポイント還元（5%）、クレジットカード決済、コンビニ決済、楽天銀行決済。有償サービスとして、ふとんお預かりサービス（最長8カ月）、お返し時圧縮サービス。

Q35

今提供しているサービス以外にお客様に喜ばれるサービス、提供したいサービスがありますか？

（記入例）貸しふとんサービス、ふとんの状態を診断するサービス、臭い除去サービス、ふとんリフォームサービス。

Q36

お客様はどのような値切り方をされますか？

（記入例）値切られたことはないが、他社との料金比較は厳しくされている。

Q37

お客様の値切り方への対策、対処法を書いてください。

（記入例）値段にお値打ち感があることを示すため、職人が丹精込めて作業していることをアピールする。

Gターゲットに対しての宣伝

Q38

どのような方法で商品をアピールしていますか？

（記入例）ふとんクリーニングの重要性・メリット、理想の洗うサイクル、洗えるふとんと洗えないふとんの情報などをウェブに掲載。

Q39 これからどのようなアピールがしたいですか？

（記入例）これまでの説明がやや専門的すぎた嫌いがあり、単純に「洗うと気持ちいい」「快適な睡眠が待っている」と伝えてみる。また、マンガなどビジュアルで伝えていく方法も考えたい。

H 接客の見直し

Q40 あなたの商品を売る人はどのような人だと思いますか？売れている人、お客様から信頼を得ている人はどのような人ですか？

（記入例）お客様に対して誠実な人、口下手でも真面目さが伝わる人、相談事に親身に対応できる人。

Q41

あなたなら、どのような人からあなたの商品を買いたいですか？

（記入例）自分たちだけでなく、お客様にもしっかりメリットがあるように、マッチングできるポイントを探ってくれる人、自分たちの恥や失敗も隠さずに正直に伝えてくれる人。

Q42

お客様に対して心がけていることを書いてください。

（記入例）気持ちよいと感じてもらえるような接客応対。

Q43

お客様との初見から受注までの流れを書いてください。

（記入例）お客様がウェブやポスティングのチラシ、地域新聞の広告などで当社のことを知り、ウェブ経由や電話でサービスを申し込む。

Q44

お客様がリピートするためにやっていることを書いてください（ユーザーを顧客に変える）

（記入例）ウェブで5％のポイント還元。電話では丁寧な接客応対。ポスティングチラシに、クリーニングの割引クーポンを掲載。

Q45

お客様がリピートするために、やったほうがいいこと、やらなければいけないことを書いてください。

（記入例）お客様ごとにご依頼日を記録し、1年周期でクリーニングのご用命を促すメールやはがきを送付するなど、1年後に当社のことを思い出してもらえる仕組みをつくる。

Q46

お客様が満足するためにやっていることを書いてください。

（記入例）クリーニングの品質の維持、配送品質を考慮した配送会社の選定、丁寧な梱包方法。

Q47

お客様が満足するために、やりたいこと、やったほうがいいことを書いてください。

（記入例）こちらからクリーニングのタイミングを告知する仕組み、お客様が当社を思い出してくれる仕組みの構築。

Q48

お客様がほかのお客様を紹介してくれるためにやっていることを書いてください。

（記入例）特にしていない。

Q49 お客様がほかのお客様を紹介してくれるために、やりたいこと、やったほうがいいことを書いてください。

（記入例）ご紹介者に割引クーポン配布。ご紹介者に「お返し時圧縮サービス」の無料化。ご紹介者に手紙、電話でお礼を伝える。

この売上倍増シートを記入されてきて、さまざまなことに気づかれたと思います。重要なのは、ここで気づいたことに優先順位をつけていつまでに実行するのか、期限を設けてPDCA日報のスケジュールに組み込むことです。

人間は怠けやすいので、期限を決めておかないと実行に移せません。日報の年間スケジュールや月間スケジュールに予定と期限を書き込み、自分にしっかり約束してください。あとは、PDCA日報で365日、細かい改善を繰り返していくだけです。

どんどん売上を伸ばして、どんどん会社を変えていきましょう！

第6章

質問に答えるだけ売上倍増シート活用術

おわりに

本書で紹介した通り、ＰＤＣＡ日報で、数多くの中小零細企業の経営者が大きな成果を手にしています。しかし、実を言うと、このＰＤＣＡ日報に救われたのは、私自身なのです。

２００8年、日報コンサルティングを事業化するために、現在の私の会社（日報ステーション）の前身となるビジフォームという会社を創業しました（ビジネスをリフォームする、という意味を込めて命名）。当時は、とにかく会社の経営を軌道に乗せようと必死でした。日報コンサルティングをいかに世の中に広めるか。24時間、それしか考えていませんでした。しかし、その報いはすぐにやってきました。

家族をほったらかして仕事に没頭したせいで、家庭は崩壊。創業一年目で妻に愛想を尽かされ、離婚することになってしまったのです。その直後は精神的につらくて、仕事が手につかず、酒におぼれていました。なけなしの財産はすべて渡したので、事業資金と生活費のため２５０万円を借金で工面し、山口市内に月額5万１０００円のアパートを事務所兼自宅で借りて、マイナスからの再スタートとなりました。

失ったものは大きかったのですが、私にはＰＤＣＡ日報という強い味方がいました。日報のおかげで、私は自分のPDCAを再び回し始めることができたのです。


人生はいつだって逆転できる。

ただし、そのためには、PDCAをしっかり回すことが必要です。

なぜなら、人間は弱い存在だからです。


人生の再起をかけて、私が当時のPDCA日報に書いた「夢・希望」は、「自分の著書を出版する」でした。

地方都市の山口市にいる私にとって、当時、本の出版なんて夢のまた夢で、手がかりも勝算もなかったのですが、大きすぎるくらいの夢を持たないと頑張れないところまで追い込まれていました。

しかしその2年後、さまざまなご縁のなかから出版への手がかりを手繰り寄せて、2011年に一冊目の本を出版することができました。

その後も、PDCA日報を使って、クライアントとともに汗を流し、成果を出していっただけでなく、私自身の会社も成長軌道に乗せることができました。今では、新山口駅から徒歩7分のところにある本社事務所のほか、下関、広島、東京などにも拠点を構え、さらに日報コンサルティングのフランチャイズ事業を展開し、加盟店も増え続けています。

この先、日本の高齢化がさらに進めば、経営者の活動期間もおのずと長くなります。人工知能の台頭、テクノロジーの進化と普及、少子高齢化、人口減少など、ビジネスを取り巻く環境は、現在からは想像できないくらい激変するはずです。

大企業だけでなく中小零細企業であっても、その間に必ず、既存のビジネスモデルや戦略、事業手法の変更を迫られる日がやってきます。

「勘と経験」だけで経営できる時代は終わりました。今後は、毎日、世の中で起きている現実と自分を冷静に見つめて分析し、「よいこと」をルール化し、「悪いこと」を軌道修正し、思いついたアイデアを先延ばしせず着実に実行していく習慣を身につけた経営者だけが、激変の時代に対応できます。

そんな難しい時代だからこそ、中小零細企業の経営者にとって、ＰＤＣＡ日報が勝ち残るための武器になると、私は心から確信しています。

本書は多くの方々のご協力、ご支援のもと、世に出ることができました。

ケーススタディーにご登場いただいた木原史郎さん、本間史朗さん、有元玲子さん、牛見和博さん（本書登場順）には、本書執筆・取材のために、あらためて貴重なお時間を頂戴し、取材させていただきました。誠にありがとうございました。これからも、PDCA日報でがんがん業績を伸ばしていきましょう！

巻頭に推薦の言葉を寄せていただいた西京銀行の平岡英雄頭取、私の経営の師匠である株式会社MIHORIの藤井公会長、いつも弊社の財務を厳しくチェックしていただいている税理士の田中和寛氏は、PDCA日報の強力な賛同者であり、私たちの活動を温かく見守り、応援していただいています。この場を借りて、心より感謝申し上げます。

弊社コンサルタントの尾崎達也さん、伊藤博紀さん、金子拓司さん、近藤将人さんは、多忙にもかかわらず、執筆に献身的に協力してくれ、本当に助かりました。また事務の木村美鈴さんと山野美里さんは、執筆に関する資料準備など側面から私を支えてくれました。みなさんは、最高のスタッフです。ありがとう！

さらに、本書の編集を担当してくれた日経BP社書籍編集1部の沖本健二氏にも感謝申し上げます。

このほかにも、日報ステーションのクライアントの方々、フランチャイズ事業の加盟店の方々、取引先や地元山口で懇意にさせていただいている方々、個人的にご縁をいただいた方々など、すべての関係者のみなさまに感謝申し上げます。

日本経済を足元から支えているのは、企業数で9割以上を占める中小企業や零細企業です。日報の活用でこうした企業が元気になれば、日本全体がもっと元気になるはずです。これからもＰＤＣＡ日報の伝道師として、私はこの使命を全うしていきたいと思います。

中司 祉岐

著者紹介

中司 祉岐 なかづか・よしき

株式会社日報ステーション代表取締役。山口県生まれ。高校卒業後、零細飲食店に入社。集客を担当し来店数10倍、客単価2倍を実現。その後、勤務した大手アパレルチェーンでは、販売員として全国トップテンに入る業績を上げる。その実績を買われ、零細企業の創業、事業立て直し支援事業に従事し、中小零細企業こそ少しの工夫で成果が出せると気づき、零細企業専門コンサルタントとして独立。日報の赤ペンコンサル指導で数多くの企業の売上を倍増させている。メルマガ「なかづか日報一日一語」を発行。
日報ステーションのホームページ▶http://www.nippo-st.com/
フェイスブック▶https://www.facebook.com/nakazuka/

小さな会社の売上を倍増させる
最速PDCA日報

2019年3月11日　第1版第1刷発行

著者	中司 祉岐
発行者	村上 広樹
発行	日経BP社
発売	日経BPマーケティング 〒105-8308 東京都港区虎ノ門4-3-12 https://www.nikkeibp.co.jp/books/

ブックデザイン	西垂水 敦・遠藤 瞳(krran)
制作・DTP	河野 真次
編集担当	沖本 健二
印刷・製本	中央精版印刷株式会社

Printed in Japan　ISBN978-4-8222-8961-4